Norbert Schmidt

Radeln für die Seele

Köln

15 Wohlfühltouren

Droste Verlag

ALLE TOUREN AUF EINEN BLICK

Blick aufs Müngersdorfer Stadion

Am Poppelsdorfer Schloss

Liebe Radfreunde und Entspannungssuchende,

in der Rheinmetropole wohnen heute über eine Million Einwohner auf mehr als 400 Quadratkilometer Gesamtfläche. Köln bietet nicht nur Wohn- und Arbeitsplätze, sondern auch Freizeit- und Erholungsraum. Neben dem Grüngürtel in und um Köln bieten auch die recht weitläufigen Felder, Waldgebiete und Grünlandflächen gute Möglichkeiten, sich abseits von Altstadt und Rheinufer zu entspannen.

Zwei der insgesamt 15 Touren führen durch den rechts- bzw. linksrheinischen Grüngürtel. Letzterer ist geprägt durch den ehemaligen preußischen Befestigungsring mit zahlreichen Forts. Die Wahner Heide im Südosten Kölns ist eines der artenreichsten Schutzgebiete landesweit und lohnt in jedem Fall einen Tagesausflug.

Die meisten Wege sind asphaltiert und somit gut mit dem Rad befahrbar. In und um Köln liegen etwa 30 alte Herrensitze und ehemalige Ritterburgen, hiervon lernen wir einige auf den beschriebenen Touren kennen, spielten sie doch in der Geschichte Kölns eine bedeutende Rolle.

Abgerundet wird das Erlebnis Radfahren in und um Köln durch zahlreiche Erholungs- und Freizeiteinrichtungen, lauschige Biergärten sowie thematische Ankerpunkte, wie zum Beispiel das Wasserwerk Weiler im Kölner Norden oder die Mühlen entlang der Strunde.

Sämtliche Touren mit einer Länge von mindestens 20 bis maximal 40 Kilometern verlaufen fast ausnahmslos abseits verkehrsreicher Straßen, oft durch Wälder sowie durch Aue- und Heidelandschaften – immer ist bereits der Weg das Ziel und der Wohlfühlfaktor hoch!

Viel Freude beim Radeln für die Seele wünscht

Ihr Norbert Schmidt

NATUR-INFO

KULTUR-INFO

TOUREN-/EVENT-INFO

GENUSS-INFO

- 21 Kilometer
- 52 Höhenmeter
- 2 Stunden
- Streckentour

Friedliches Merheim

Im Bergischen Köln

Burgen rechts des Rheins

Diese Tour führt durch das burgenreiche rechtsrheinische Köln, welches seit dem Mittelalter bis 1813 ein Teil des Herzogtums Berg war, danach gehörte es bis 1914 zum Kreis Mülheim am Rhein. Noch heute gibt es in und um Köln etwa 30 Burgen und Schlösser. Im rechtsrheinischen Köln lässt sich ein Teil dieser Burganlagen noch gut erkennen, hier und da kann man auch in die Innenhöfe gelangen.

Vom **Bahnhof Köln-Mülheim** geht es zunächst links, über die Hauptstraße hinweg, am Wegende links und unter der Bahnunterführung weiter, danach rechts, später wieder über die Hauptstraße hinweg. Die Wegweisung führt uns zur Knoten-Nr. 38, von dort leicht links und entlang der Stadtbahnlinie. An der kommenden Haltestelle queren wir die Gleise und erreichen kurz darauf unser erstes Etappenziel. Unmittelbar am stark befahrenen Buchheimer Ring liegt Kölns ältester Rittersitz, die aus dem 9. Jahrhundert stammende **Wasserburg Herl** im heutigen Kölner Stadtteil **Buchheim.** Beeindruckend ist vor allem das circa 300 Jahre alte Walmdach, welches an der Seite von einem Ecktürmchen überragt wird. In der Nähe auf der gegenüberliegenden Straßenseite passieren wir bei der Weiterfahrt, links in den Schlagbaumsweg einbiegend, die ehemalige **Herler Mühle** ❶. Als eine der insgesamt 48 Mühlen entlang des Strunder Baches diente sie lange Zeit als Öl- und Mahlmühle.

Heute sind die Burgen und Mühlenbauwerke in Privatbesitz und nicht frei zugänglich, sodass neben Infotafeln lediglich der äußere Eindruck von der Ge-

*Der einstige Wehrcharakter der **Burgen,** der an den alten Wassergräben noch gut zu erkennen ist, änderte sich ab dem 16. Jh. hin zu Bauern- oder Gutshöfen. Die bäuerlichen Hofanlagen boten im Mittelalter persönlichen Schutz und gute Lebensbedingungen.*

Ehemaliger Fronhof in Merheim

schichte und Bedeutung der Burgen haften bleibt. Einmal im Jahr öffnen zum Tag des Denkmals einige private Burgherren ihre Tore für die Öffentlichkeit.

Kurz danach erreichen wir nach Überquerung der Autobahn mit einer scharfen Rechtskurve **Haus Schlagbaum ②.** An der kurz angedeuteten Brücke zum Torbogen sowie dem Mauerwerk, welches Spuren einer früheren Zugbrücke aufweist, erkennt man seine damalige Funktion als Wasserburg. Der Wassergraben ist jedoch längst zugeschüttet. Der Name „Haus Schlagbaum“ erinnert an ein langes, lebendiges Stück rechtsrheinischer und bergischer Geschichte, denn vom Rhein her verliefen einige Wege zum Mauspfad

Für die Seele

Vorbei an Feldern, Wäldern und Wiesen lassen wir uns von den alten Gemäuern der Burgen und Schlösser in die Vergangenheit entführen.

(Maut-Pfad), unter anderem der heutige Schlagbaumsweg. Beim Anblick der Zugbrücken-Einfassung im Torbogen kann man sich gut vorstellen, wie einst der Burgherr den Wassergraben passierte. Denn die damaligen Herzöge von Berg bauten diese Straße im Schutz der Rittergüter als Zollstraße aus und ließen alle Ein- und Ausfuhren von Waren kontrollieren.

Wir folgen dem Verlauf des Hauptweges entlang des Autobahnzubringers und unterqueren diesen an der kommenden Gabelung rechts. Nun biegen wir links in die Abshofstraße ein und erreichen Merheim. „Mer" ist die ehemalige Bezeichnung für ein ausge-

Regionaler Genuss

Dominiert wird der alte ***Ortskern von Merheim*** *von der romanischen Kirche St. Gereon, auf die mehrere Lindenalleen zuführen. Pfarrhaus, Fronhof sowie ein alter Friedhof komplettieren das Ensemble der bis 1914 selbstständigen Bürgermeisterei Merheim.*

dehntes Sumpfgelände, in dem auf einer kleinen Anhöhe um das Jahr 1000 die erste Besiedlung erfolgte. Im alten **Ortskern von Merheim** ❸ passieren wir, rechts einbiegend, ein auffallend herausgeputztes Fachwerkhaus, den Gasthof **Em ahle Kohberg** – das Fachwerkgebäude wurde 1665 errichtet – mit Außengastronomie unter einer schönen Winterlinde, darunter mit einem Bildstock von 1764. Hier ist die konfessionelle Toleranz der damaligen Zeit dargestellt: Ein katholischer und ein protestantischer Geistlicher stehen einträchtig vor einem Abendmahlskelch.

Auf dem kleinen Vorplatz am Gasthof fühlt man sich in die Vergangenheit zurückversetzt; hier wurde

Kapelle Burg Rath

Schloss Röttgen

einst Vieh zum Verkauf angeboten, daneben verdienten sich einheimische Bauersleute mit dem Sammeln von Kräutern, Kleintieren und Insekten aus den nahe liegenden Auenwäldern etwas dazu.

In Höhe des Gasthofes biegen wir links auf den Radweg der Broichstraße, unterqueren abermals die Autobahn, um kurz danach rechts und weiter über die Stadtbahngleise hin zur Olpener Straße zu gelangen. Links versetzt überqueren wir diese im Schutz einer Ampel. Im weiteren Verlauf führt die Route auf drei markante Wohnhochhäuser zu, diese umfahren wir links und gelangen kurz darauf, links abbiegend, auf den Rather Kirchweg. Hier leuchten vor allem im Frühjahr die Rapsfelder in hellem Gelb. Während der Fahrt durch die Felder lassen wir uns die warme Frühlingsluft um die Nase wehen. Im Sommer gibt es am angrenzenden Baggersee, der allerdings durch dichtes Strauchwerk verdeckt ist, viele Badegäste. Die Stadt Köln plant an dieser Stelle ein Naherholungsgebiet mit Strand und Badesee. Am Ende des Weges erreichen wir **Burg Rath** 4 mit ihrer auffallend oktogonalen Hauskapelle an der Einfahrt.

Hier biegen wir links in die Lützerather Straße ein, in Höhe der Ampel halten wir uns rechts und fahren in der Folge weiter über den Gröppersweg durch den Kölner Stadtteil **Rath-Heumar.** Am Wegende queren wir die Rösrather Straße links versetzt, nach Querung

Die im 16. Jh. errichtete, vor circa 140 Jahren zerstörte Hauptburg von ***Burg Rath*** *dient heute als Reitstall. Allein die 1741 errichtete achteckige, barocke Burgkapelle mit ihrem auffallenden Mansarddach zeugt vom früheren Glanz der Burganlage.*

der Stadtbahngleise geht es noch vor der Autobahnbrücke links über die Straße Am Gieselbach. An deren Ende fahren wir rechts in den Heumarer Mauspfad, einen frühzeitlichen Handelsweg zwischen dem Rheingau und Duisburg. Hinter der Bahnlinie begleitet uns die nächsten zwei Kilometer eine hohe Mauer. Sie gehört zum Anwesen von **Schloss Röttgen,** das leider nicht befahren und eingesehen werden kann, da diese über 2 Meter hohe Mauer auf insgesamt 11 Kilometer Länge den Blick auf das geschichtsträchtige Schloss verhindert, dessen Ursprünge sich bis in die Frankenzeit zurückverfolgen lassen. Das Schloss befindet sich heute im Besitz der Familie Mühlens, die durch das weltbekannte Kölner Duftwasser sowie durch ihre Zuchtpferde bekannt wurde. Weil die Anlage den letzten Weltkrieg unbeschadet überstehen konnte, diente sie zunächst dem britischen Gouverneur als Dienstsitz, später trafen sich hier oft hochrangige Politiker und Militärs. Besonders beeindruckend ist der nach englischem Vorbild angelegte Landschaftspark.

Gut Leidenhausen

Nach der leider eher unruhigen Passage entlang des Heumarer Mauspfads geht es nach Überquerung der Straße Hirschgraben rechts zu unserem nächsten Etappenziel. Im **Erholungsgebiet Gut Leidenhausen** 5 findet man auf den ausgedehnten Liegewiesen und zahlreichen Ruhebänken Entspannung. Alternativ lädt

Flieder: Genuss für Auge und Nase

das **Café Gut Leidenhausen** 6 mit Außengastronomie und Sitzgelegenheiten unter einer mächtigen Linde im Innenhof des Anwesens zu einer Kaffeepause ein.

Das ursprünglich im 14. Jahrhundert als Rittersitz erwähnte **Gut Leidenhausen,** welches in seiner heutigen Form jedoch aus dem 18. Jahrhundert stammt, dient heute als Waldmuseum und Umweltpädagogik-Zentrum der Stadt Köln. Darüber hinaus sind auf einer Wildwiese des Geländes insgesamt 100 Obstbäume aus 60 Sorten und 250 Obststräucher aus zwölf Sorten angepflanzt worden, die als ausgestorben galten.

*Im **Obstgarten** des Guts Leidenhausen findet man fast ausgestorbene Obstsorten wie Bohnapfel, Goldparmäne, Rheinische Schafsnase und Winterrambur, aber auch Reineclauden und Quitten, Mispel und Speierling. Diese Wiese ist frei zugänglich, naschen erlaubt.*

Nach dieser wohlverdienten Rast fahren wir über den Innenhof von Gut Leidenhausen, anschließend links, vorbei an der **Greifvogelschutzstation** und entlang der Reitbahn. Hier blüht im Frühjahr der Flieder in kräftigen Farben; nun geht es über die Flughafen-

Schloss Wahn

bahn zunächst halb links, dann rechts unter der Autobahn hindurch nach **Grengel.** Dieser Stadtteil der bis 1975 selbstständigen Stadt Porz lässt die Bevölkerungsexplosion vor allem der Wirtschaftswunderzeit erahnen. Über die Waldstraße durchqueren wir den Ortsteil, halten uns geradeaus und biegen in Höhe eines Hotels rechts in die Hermann-Löns-Straße ein. Kurz vor Erreichen des Ortsteils **Elsdorf** geht es links in den Mühlenweg, wir überqueren nochmals die Flughafenbahn und gelangen autofrei nach **Wahn.** Am Wegende geht es zunächst rechts weiter, in Höhe der Golfplatzanlage biegen wir links in die Frankfurter Straße ein, am Kreisel rechts und in Höhe einer Mittelinsel links. Über die Burgallee mit ihrer markanten Kastanienallee sehen wir bereits rechts der Route unseren Zielpunkt, doch vorher lohnen sich noch zwei Abstecher.

Schloss Wahn 7 in seiner heutigen Form entstand Mitte des 18. Jahrhunderts nach französischem Vorbild und zählt noch heute zu den bedeutendsten Prachtbauten des Barock im Rheinland. Gut zu erkennen sind der ehemalige Burggraben sowie die schöne Gartenanlage. Unter der Woche gelangt man auch auf den Innenhof der Anlage.

Die ehemalige Landwirtschaftskammer Rheinland nutzte den unmittelbar an das Schlossgelände angrenzenden Eltzhof lange Zeit als Lehr- und Versuchsgut. Seit 2005 befinden sich im Gebäudekomplex ein Kulturzentrum und ein Gastronomiebetrieb. Mit der Burgallee und den Arbeiterhäusern bildeten Eltzhof und Schloss Wahn früher eine in sich abgeschlossene Einheit. Das angegliederte Restaurant mit Außenterrasse im **Eltzhof** mit Gartenterrasse bietet sich für einen Ausklang der Radtour an.

Von hier geht es wieder ein Stück zurück zum Burggraben, nun ist es nicht mehr weit zum Bahnsteig der S-Bahn, die uns rasch in Richtung Kölner Innenstadt zurückbringt.

__Schloss Wahn__ befindet sich seit 1820 im Besitz der Familie von Eltz-Rübenach. Die meisten Räume sind an die theaterwissenschaftliche Sammlung der Uni Köln vermietet. Hier sind Werke und Nachlässe weltbekannter Künstler und Schauspieler untergebracht.

Mülheim
Dellbrück
Bergisch Gladbach
Colonia-Allee
Refrath
Buchforst
Köln
Merheim
L 286n
Brück
Kalk
Höhenberg
Neubrück
Rather Kirchweg
Vingst
Ostheim
Rather See
Lützerathstraße
Königsforst
Rösrather Straße
Rath
Heumar
Heumarer Mauspfad
Westhoven
Hirschgraben
Eil
Rhein
Grengeler Mauspfad
Kennedystraße
Waldstraße
Porz
Urbach
Grengel
Weiß
Hermann-Löns-Straße
Elsdorf
Wahner Straße
Zündorf
Wahn
Wahnheide

Alles auf einen Blick

Entspannung ✱✱✱✱✱
Genuss ✱✱✱✱✱
Romantik ✱✱✱✱✱

WIE & WANN:
Leichte, flache Strecke mit überwiegend asphaltierten Wegen und größtenteils autofrei bzw. autoarm. Die Tour ist abschnittsweise mit Fahrradwegweisern der landesweiten Radwegweisung NRW ausgeschildert. Beste Radtourzeit ist von März bis Oktober. Mögliche Anschlusstour: Tour 13.

HIN & WEG:
Auto: Parkplatz am Bahnhof Köln-Mülheim (GPS: 50.95800, 7.01233)
ÖPNV: RE 1, RE 5, RB 48, S 6, S 11, Stadtbahn 13 und 18 bis Bahnhof Köln-Mülheim; Rückkehr zum Ausgangspunkt: ab Porz-Wahn S 12 oder S 19 bis Köln Messe/Deutz, weiter mit S 6 oder S 11 bis Mülheim

ESSEN & ENTSPANNEN:
Café Gut Leidenhausen ❻ Gut Leidenhausen 1 a, 51147 Köln-Porz/Grengel, Tel. (0 22 03) 9 80 05 40, www.gut-leidenhausen.de

ENTDECKEN & ERLEBEN:
Haus Herl/Herler Mühle ❶ Herler Ring, 51067 Köln-Buchheim
Haus Schlagbaum ❷ Schlagbaumsweg 1, 51067 Köln-Holweide
Historischer Ortskern Köln-Merheim ❸ 51109 Köln-Merheim
Burg Rath ❹ Lützerathstraße, 51107 Köln-Rath
Gut Leidenhausen ❺ mit Waldmuseum, Obstgarten, Info-Zentrum und Greifvogelschutzstation, 51147 Köln-Porz/Grengel
Schloss Wahn ❼ Burgallee 2, 51147 Köln-Porz/Wahn, www.schloss-wahn.com

- 24 Kilometer
- 50 Höhenmeter
- 2 Stunden
- Streckentour

Decksteiner Weiher

Preußen in Köln

Durch den Äußeren Grüngürtel

Ausgangspunkt dieser Tour ist der Park-&-Ride-Platz an der Stadtbahnhaltestelle „Heinrich-Lübke-Ufer" am Rhein. Wer von der Kölner Innenstadt aus startet, fährt ab Dom/Hbf den Rheinuferweg circa 5 Kilometer in südliche Richtung bis Köln-Marienburg. Der Wegweisung rechts entlang der Militärringstraße folgend, gelangt man nach wenigen Metern zu einer imposanten Fortanlage, dem **Zwischenwerk VIII b1** ①. 1876 fertiggestellt, überstand es sogar weitgehend die Schleifung und ist wohl eine der am besten erhaltenen Zwischenwerke im Grüngürtel. Bei dessen Umgestaltung wurde die Oberfläche des Kasernenbaus eingeebnet; heute kann man auf dieser planierten Fläche durch einen geometrisch gegliederten Ziergarten flanieren und sich in die Zeit der preußischen Herrscher versetzen lassen. Mit ein wenig Glück kann man das Innere der Anlage bei einer Führung erkunden, dabei lernen wir einiges über deren Funktion und Bauweise sowie den Alltag der preußischen Soldaten.

Auf dem breiten Radweg geht es weiter entlang des Äußeren Grüngürtels, später sehen wir links von uns einen Hinweis auf den Rodenkirchener Golfplatz, wo sich einst **Fort VIII** befand.

Eine künstlerische Besonderheit steht seit 2008 inmitten des Kreisels der hier beginnenden und 1932 eröffneten ersten Autobahn Europas, eine 50 Meter hohe, **signalrote Stahl-Stele** des Künstlers Lutz Fritsch. Das Pendant steht im Kreisel am südlichen Ende der Autobahn im 22 Kilometer entfernten Bonner Norden. Im Rahmen des Landes-Strukturprogramms

*In den 1920er-Jahren realisierte Oberbürgermeister Konrad Adenauer zusammen mit dem Gartenarchitekten Fritz Encke seine Pläne, für Köln eine **grüne Lunge** zu schaffen und die ehemaligen Bauwerke aus der Preußenzeit in das Nutzungskonzept zu integrieren.*

Geschichte zum Anfassen

der REGIONALE 2010 wurde mit diesem Kunstwerk eine historische Verbindung zwischen den beiden Städten sichtbar gemacht. Wir unterqueren links davon den Verteilerkreis, fahren ein Stück durch den Waldsaum des Militärrings, queren diesen kurze Zeit später und fahren weiter den ersten Weg links durch eine Allee der Grünanlage des **Raderthaler Volksparks.** Hier befinden sich rechts Erdwälle, hinter denen die einstigen Pulvermagazine lagen. Diese in ausreichendem Abstand voneinander errichteten Gebäude waren zum Schutz vor möglichen Explosionen in Erdwälle eingebettet.

Am Ende der Allee halten wir uns links, queren abermals den Militärring, dessen Radweg wir weiter in nördliche Richtung folgen.

Unser nächstes Etappenziel, **Fort VII,** erreichen wir, dem Hinweisschild der Deutschen Bahn folgend, etwas abseits der Straße in Höhe der Bahngleise. Von dieser Festungsanlage ist lediglich die Kehlkaserne,

Für die Seele

Von Bäumen und Buschwerk umrankte Forts, ein Klimawald und exotische Bäume im Kölner Grüngürtel laden zur Erkundung ein.

also die Kaserne an der Rückseite der Mauer, erhalten geblieben, der vorgelagerte Graben wurde verfüllt. Aufgrund seines mittlerweile recht verwahrlosten Zustands sowie der zugewachsenen Zuwegung lohnt die Anlage keinen längeren Aufenthalt.

Zurück zum Militärring geht es zuerst auf die rechte Straßenseite, dann links und unter der Bahn hindurch, in Höhe des Unteren Komarwegs wechseln wir erneut die Straßenseite und erreichen kurz darauf die Luxemburger Straße. Hier bekommen Radler und Fußgänger eine Kostprobe der über 1000 „Lichtsignalanlagen“ Kölns vorgeführt, ein wenig Zeit muss man also erübrigen. Perspektivisch soll diese große Straßenkreuzung umgebaut werden.

Nördlich der Luxemburger Straße biegen wir an der Waldwegekreuzung in den zweiten Weg halb links ein. In Höhe der Berrenrather Straße liegt ein Zeugnis fast 2000-jähriger Geschichte, eine Art antikes Klärwerk. Dieses römische **Schlammfangbecken** ❷ hatte zwei Funktionen: Zum einen sollte das aus dem Vorgebirge kommende Wasser geklärt werden, zum anderen benötigte man für die in Richtung Innenstadt führende knapp 100 Kilometer lange Wasserleitung eine Absperrvorrichtung, um bei Reparaturarbeiten die Wasser führende Rinne trockenlegen zu können. Denn Köln wurde zu Zeiten der Römer regelmäßig mit frischem Eifelwasser versorgt. Auf der nebenstehenden Übersichtskarte staunen wir über die damalige Ingenieurleistung eines solchen Bauwerks, dem längsten Aquädukt nördlich der Alpen.

Im Grüngürtel

Vorbei geht es nach Überquerung der Berrenrather Straße am Vereinsheim des FC Köln, welches auf den Resten des ehemaligen **Zwischenwerks VI b** errichtet wurde. Wir halten uns weiter in Fahrtrichtung geradeaus (Wanderwegzeichen), passieren die Bauwagen der Waldzwerge, eines Waldkindergartens, queren die Gleueler Straße und erreichen nach kurzer Zeit links die Zufahrt zum Fort Deckstein bzw. **Fort VI ❸.** Dieses Fort gehört zu den besser erhaltenen Anlagen, die heute von einem Sportverein genutzt werden. Beim Anblick des riesigen Gebäudekomplexes stellt sich unwillkürlich die Frage, wie groß das Fort wohl gewesen sein muss, bevor die unteren Etagen zugeschüttet wurden. Denn die in den 1970er-Jahren errichteten Oberbauten stören das Gesamtbild des imposanten Festungsbauwerkes erheblich. Nicht weit entfernt, direkt an der Route befindet sich ein **Felsengarten,** der zu Fuß erkundet werden kann.

In Höhe von Haus Deckstein halten wir uns links und kommen zum **Restaurant Haus am See ❹,** dessen idyllische Terrasse am Decksteiner Weiher zu einer ausgedehnteren Wohlfühlpause einlädt. Von dort fahren wir am Parkplatz links auf die Bachemer Landstraße, durch ein kleines Waldstück bis zu einer Wegkreuzung und erreichen unser nächstes Etappenziel. Im 2012 gegründeten **Waldlabor ❺** wird demonstriert, welche Baumarten angesichts des Klimawandels Parks und Wälder zukunftsfest machen können. Für an Klima- und Zukunftsfragen Interessierte lohnt sich daher ein Rundgang durch die Baumparzellen.

Im weiteren Verlauf erreichen wir, rechts einbiegend, jenseits der Bachemer Landstraße und der Stadtbahngleise das **Arboretum,** wo in den 1960er-Jahren ausländische Baumarten angepflanzt wurden. Schattige Sitzreihen unter einigen zum Teil recht imposanten Exoten laden zu einer wohlverdienten Rast ein und zaubern uns vorübergehend an einen anderen Ort.

Nachdem die Kölner Grün Stiftung 2004 einen Sponsor gefunden hatte, konnte das städtische Grünflächenamt das 17 Hektar große ***Arboretum****, das lange brach gelegen hatte, wieder in Wert setzten. An 19 bis dahin unerkannten Bäumen stehen heute kleine Hinweistafeln.*

Max-Planck-Institut

Nun radeln wir nach Querung der Dürener Straße über eine Anhöhe zum **Adenauer Weiher,** den wir links umfahren. Eine Rast bietet sich auf einer der zahlreichen Bänke entlang des Uferweges an. Verwöhnen lassen können wir uns jedoch im nahe gelegenen **Biergarten des Club Astoria** mit unverstelltem Blick auf den Weiher.

Am Ende des Weihers radeln wir an der **Jahnwiese** vorbei, danach am **RheinEnergie-Stadion,** bekannt als Fußballstadion des 1. FC Köln sowie durch internationale Musik-Events. Auch dieses Bauwerk steht auf den Resten der einst preußischen Befestigungsanlagen. Wir umfahren das Stadion und orientieren uns dabei an den rot-weißen Wegweisern. Jenseits der Aachener Straße liegen weitere Fußballübungsplätze auf dem ehemaligen Gelände des **Fort V,** das 1962 abgerissen werden musste. Zu lange stand das Gebäude leer und zu hoch waren die Kosten für dessen Unterhalt. Eine Gedenktafel und eine moderne Skulptur weisen auf die frühere Bedeutung des Forts hin. Am Wegende geht es links über die Bahnlinie der Strecke Köln-Aachen. Jenseits der Bahnlinie liegt das 1839 erbaute **Haus Belvedere** ⑥. Es diente lange Zeit als Bahnhofsempfangsgebäude und war nach Eröffnung der Bahnlinie Köln-Aachen für viele Kölner ein beliebtes Ausflugsziel, denn vom Gebäude aus bietet sich ein toller Blick auf die Kölner Innenstadt. Heute liegt es parkähnlich eingebettet in einem Platanenbestand, an der benachbarten Waldschule liegt das **Zwischenwerk V a.** Dieses wurde 1925 in eine Freiluft- und Gartenschule umgewandelt. Über die **Belvederestraße** erreichen wir nach Querung einer weiteren Straße später die Wissenschaftsscheune des **Max-Planck-Instituts,** weiter geradeaus über den Vogelsanger Weg ist es nicht mehr weit zum nächsten Fort, welches jenseits des Freimersdorfer Wegs in einer Senke liegt. Von **Fort IV** ⑦ ist die Kehlkaserne erhalten geblieben, deren Räume heute von Künstlern genutzt werden. So

Herrlicher Herbst

Der Sonne entgegen

werden diese alten Bauwerke durch die Nutzung von Vereinen und Ateliers am Leben erhalten und nicht dem Verfall preisgegeben.

Nach diesem Abstecher geht es zurück zum Freimersdorfer Weg, dort links auf den Radweg, dahinter über die Umgehung der Venloer Straße nach **Bocklemünd.** An der ersten Gabelung halten wir uns links und durchfahren den alten Ortskern, biegen später rechts in den Ransenbergweg, sofort links in den Ingendorfer Weg, am Wegende wieder rechts in den Buschweg, dem wir bis zum Erreichen der Straße „Am Hufenpfädchen“ folgen. Rechts der Route liegt heute nicht mehr erkennbar das ehemalige **Zwischenwerk III b.** Diese Festungsanlage ist im Wesentlichen noch erhalten geblieben und wurde bis weit in die Zeit nach dem Zweiten Weltkrieg noch als Waldschule genutzt. Dort biegen wir links in den Radweg ein; nach circa 500 Metern im Bereich der Linkskurve verlassen wir die Straße rechts und folgen dem Wanderwegzeichen G 1. Kurz darauf befinden wir uns im **Nüssenberger Busch.** Hier lag im Waldstück rechts der Route das **ehemalige Fort III.**

Leider trüben auf dem letzten Teilstück unserer Radtour durch das Erholungs- und Landschaftsschutzgebiet die Geräusche der Autobahn den uneingeschränkten Naturgenuss. Wir queren nach einer Weile eine weitere Straße, radeln in Fahrtrichtung über den Feldweg weiter, am Wegende rechts. Die Route endet auf dem Radweg links neben dem Militärring. Auch die beiden letzten knapp 2 Kilometer entlang des Militärrings sind geprägt von Autoverkehr, bevor es vom **S-Bahnhof Köln-Longerich,** dem Zielpunkt unserer insgesamt sehr interessanten Tour, mit der S-Bahn zurück in Richtung Innenstadt geht.

Wen es noch in den Waden juckt, der kann die Tour um circa 10 Kilometer verlängern und den blau-gelben Markierungen der RegioGrün-Erlebnisroute Nord in Richtung Kölner Innenstadt folgen.

*Das etwa 19 Hektar große Areal des **Nüssenberger Buschs** wurde von der Stadt Köln erworben und als Landschaftsschutz- und Erholungsgebiet gestaltet. Ein über 200-jähriger Altwaldbestand wurde hierbei in den Grüngürtel einbezogen.*

Heimersdorf
Flittard
Militärringstraße
Pesch
Longerich
Niehl
Bocklemünd
Hugo-Eckener-Straße
Venloer Straße
Ossendorf
Nippes
Riehl
Landschaftspark Belvedere
Vogelsang
Ehrenfeld
Rhein
Müngersdorf
Aachener Straße
Köln
Deutz
Braunsfeld
Junkersdorf
Stadtwaldviertel
Lindenthal
Gleueler Straße
Sülz
Militärringstraße
Beethovenpark
Bayenthal
Decksteiner Weiher
Klettenberg
Grüngürtel
Brühler Straße
Bonner Straße
Marienburg
Raderthal
Efferen
Hürth
Hochkirchen

Alles auf einen Blick

Entspannung ★★★☆☆

Genuss ★★★★☆

Romantik ★★★☆☆

WIE & WANN:

Leichte, flache Strecke mit vielen Waldwegen; größtenteils autofrei. Ein geländegängiges Fahrrad wird empfohlen; für Kinder und Anhänger weniger geeignet. Die Tour ist größtenteils ausgeschildert mit Fahrradwegweisern der landesweiten Radwegweisung NRW. Beste Radtourzeit ist März bis Oktober. Mögliche Anschlusstouren: Tour 4, Tour 5 und Tour 15.

HIN & WEG:

Auto: Park-&-Ride-Platz unter der Rodenkirchener Brücke (GPS: 50.89817, 6.98774)
ÖPNV: Stadtbahn 16 und 17 bis Marienburg, Heinrich-Lübke-Ufer; Rückkehr zum Ausgangspunkt: Ab Köln-Longerich S 11 bis Köln Hbf., weiter mit Stadtbahn 16 bis Marienburg, Heinrich-Lübke-Ufer

ESSEN & ENTSPANNEN:

Haus am See ❹ Bachemer Landstraße 420, 50935 Köln-Lindenthal, Tel. (02 21) 4 30 92 60, www.hausamseekoeln.de

ENTDECKEN & ERLEBEN:

Zwischenwerk VIII b ❶ Militärring, 50939 Köln-Marienberg
Römisches Schlammfangbecken ❷, Berrenrather Straße, 50937 Köln-Klettenberg
Fort VI ❸, Fort Deckstein, Militärring, 50935 Köln-Lindenthal
Waldlabor Köln ❺ 50858 Köln-Marsdorf, www.koeln-waldlabor.de
Haus Belvedere ❻ Belvederestraße 147, 50933 Köln-Müngersdorf, www.bahnhof-belvedere.de
Fort IV ❼ Freimersdorfer Weg 4, 50828 Köln-Bocklemünd

Siedlung Am Kunstfeld

Wälder und Moore

Im rechtsrheinischen Grüngürtel

Diese Tour führt im rechtsrheinischen Köln vom Chempark im Kölner Norden in die Wahner Heide im Süden. Kiesgruben, Moore und zahlreiche Wälder kennzeichnen diese Tour „op d´r schäl Sick“. Los geht's am **S-Bahnhof Chempark,** zunächst ein Stück entlang eines Radweges gen Osten. Durch eine Lücke in der Leitplanke hinter dem Kreisel fahren wir links um eine Schranke herum auf den Feldweg. Vor uns kann man einen Großteil des **Bayerwerks** (heute: Chempark) sehen. Das von Weitem sichtbare **Bayer-Kreuz** ist bis heute die größte Leuchtreklame der Welt.

Weiter geht es am Wegende rechts. Nach wenigen Metern passieren wir das Gelände des **Segelflugplatzes Kurtekotten ❶;** bei schönem Wetter lassen sich Starts und Landungen der Freizeitsegler beobachten. Dabei kommt einem sofort der bekannte Song von Reinhard Mey „Über den Wolken“ in den Sinn. Über die Autobahn A3 hinweg, dahinter über die Gleise der Bahnlinie Köln-Wuppertal umfahren wir anschließend einen Baggersee, bei schönem Wetter herrscht hier reger Badebetrieb. Am Ende des Sees stoßen wir auf die Wanderzeichen des Köln-Pfades (runder weißer Kreis), diesen folgen wir später links und schieben in Höhe des Forsthauses vorsichtig unsere Räder über die Gleise (sonntags kein Bahnverkehr!). Dahinter halten wir uns rechts und fahren auf einem schmalen Feldweg in die **Siedlung Am Kunstfeld ❷.**

*Der Name der ältesten Arbeitersiedlung im Rheinland **Am Kunstfeld** basiert auf einer in den 1820er-Jahren errichteten Kunststofffabrik. Dort wurde u. a. Berliner Blau zur Färbung von Textilien hergestellt. Die Siedlung steht seit Jahren unter Denkmalschutz.*

Am Ende der Siedlung geht es links weiter, dann um eine Schranke in den Wald hinein, wo wir am Wegende, links einbiegend, auf eine ehemalige Straße

Naturschutzgebiet Hornpottweg

Für die Seele

Vorbei an Feldern und Seen durchstreifen wir die Ausläufer des Bergischen Landes und tauchen ein in die Wälder des Königsforsts sowie der Wahner Heide.

stoßen, die inzwischen fast vollständig von der Natur zurückerobert wurde. Kurz vor Erreichen der nächsten Schranke biegen wir rechts ein und orientieren uns entlang der Grubenkante. Die **Kiesgrube am Hornpottweg** ③ wird vom Deutschen Vogelschutz-Bund (DVB) und vom NABU aus Köln und Leverkusen betreut; sie dient als Refugium vieler Pflanzen und Vögel. Im benachbarten Wald mit alten Baumbeständen sind bereits ab Februar Buntspechte bei ihrer Arbeit zu hören. In der Kiesgrube brüten über 20 Vogelarten, u. a. der Kiebitz, die Uferschwalbe und der Teichrohrsänger. Im Frühjahr und Herbst lässt sich mit ein wenig Glück der Fischadler beobachten. Die Trockenrasengebiete werden von Glanrindern kurz gehalten. Von einer der Bänke lässt sich das kostenlose Schauspiel im Herzen der Natur sehr gut beobachten – ein echter Ort zum Runterkommen.

Wir folgen den Wanderzeichen des Köln-Pfads, überqueren in Höhe der Stadtbahn-Endhaltestelle **Schlebusch** die Berliner Straße und radeln den Waldweg entlang der Waldsiedlung. Das kommende Wegstück steigt nun leicht bergan und ist teilweise recht sandig. Der **Dünnwalder Wald** dokumentiert ein Stück Kölner Stadtentwicklungshistorie: Hier wurde im 19. Jahrhundert mit der planmäßigen Aufforstung begonnen – und eine Ära von vielen tausend Jahren Rodungsgeschichte beendet. Mit 6.000 Hektar weist Köln heute einen Waldanteil von 15 Prozent auf, so viel wie keine andere Großstadt in NRW.

Zunächst verbleiben wir auf dem Hauptwanderweg, an der kommenden Kreuzung geht es geradeaus weiter, später rechts um die Schranke, dann links durch Sperrpfosten und über die Straße Broicher Feld in den Bergisch Gladbacher Ortsteil **Schildgen.**

Dort queren wir in Höhe der Bushaltestelle die stark frequentierte Hauptstraße, durchfahren halb links den Rad-/Fußweg, überqueren die Kempener Straße und fahren durch den Odenthaler Markweg, später trotz Sackgasse geradeaus weiter, am Wegende halb links und weiter durch ein Waldstück. Wir halten uns geradeaus auf dem Hauptweg und biegen später rechts in Höhe **Buschhorn** in die Voiswinkeler Straße ein. Hier genießen wir den Ausblick auf die Kölner Bucht, bevor wir rechts abbiegen und uns den Hufer Weg bergab rollen lassen. In der talwärtigen Siedlung angekommen, biegen wir rechts in den Weidenbuscher Weg ein und folgen dessen Verlauf. An der Bushaltestelle „Torringen" queren wir die Hauptstraße rechts versetzt und biegen am Siedlungsende vom Herkenfel-

Farbtupfer am Wegesrand

der Weg rechts ab, kurz danach erreichen wir einen Wald. Nach etwa 200 Metern verlassen wir den Hauptweg nach links (Markierung der Wanderwegezeichen > bzw. 7 folgen), zunächst in Fahrtrichtung geradeaus, vorbei an einer Schutzhütte, kurze Zeit später verzweigt der Waldweg, es geht halb rechts weiter und später am Wegende links. In Höhe des Gestüts passieren wir die **Diepeschrather Mühle,** kurze Zeit später liegt links das gleichnamige Ausflugslokal. Unmittelbar am Mühlengraben des Mutzbaches gelegen, wurde das Anwesen als Ausflugslokal umgebaut. Hier kann man entweder im Gasthof selbst, auf der Terrasse oder in den nahe gelegenen Freizeitanlagen eine längere Pause einlegen.

Nach der Rast geht es in Richtung Köln-Dellbrück weiter. Später links auf die Diepeschrather Straße und am Kreisel weiter geradeaus, unter den S-Bahngleisen hindurch, hinter dem Parkplatz am Bahnhof rechts weiter durch die Möhlstraße folgen wir den rot-wei-

*Im **Straßenbahnmuseum Thielenbruch** sind Exponate aus knapp 150 Jahren Straßenbahngeschichte zu bestaunen. Die Gebäude des Straßenbahndepots stammen aus der Zeit um die vorige Jahrhundertwende und dokumentieren die damalige Gebäude- und Industriearchitektur.*

ßen Wegweisern. Nach Querung der Bergisch Gladbacher Straße (keine Ampel!) geht es am Seniorenheim zunächst links, dann rechts durch die Wiesenstraße, im Rechtsknick links über den Strunder Bach, vorbei an einer Pferdekoppel zum nächsten Highlight, dem **Straßenbahndepot Thielenbruch ④.** Heute ist dies wohl Kölns schönste Endhaltestelle; die Bahnen der Kölner Verkehrsbetriebe fahren direkt in das ehemalige Depot hinein und enden dort. Gleichzeitig untergebracht ist ein Straßenbahnmuseum.

Wir biegen von der Gemarkenstraße nach dem Rechtsknick links in den Wald ein, überqueren den Bach und fahren sofort wieder rechts parallel zum Umbach. Nach diesem kurzen Streifzug durch das Landschaftsschutzgebiet **Thielenbruch** queren wir erneut den Bach und passieren die ehemalige **Strunder Mühle.** Sie liegt genau auf der Stadtgrenze und ist eine der zahlreichen Mühlen entlang der Strunde, die vor allem der weiter bachaufwärts liegenden Stadt Bergisch Gladbach als Papierzentrum eine lange wirtschaftliche Blütezeit bescherten (siehe Tour 10). Die Mühlenbäche hatten im Mittelalter die Funktion, sowohl die Wassermühlen am Hauptbach zu entlasten als auch den Bachlauf zu reinigen.

Über eine Holzbrücke gelangen wir in den historischen Ortsteil **Strunden,** queren dort die Hauptstraße und gelangen über den Penningsfelder Weg in den gleichnamigen Bergisch Gladbacher Ortsteil. Nach links versetzter Querung des Bensberger Marktwegs führt uns der Verlauf des separaten Radwegs auf die Straße Beningsfeld, später biegen wir rechts in den Rinderweg ein.

Nach dem kurzen Abstecher auf Bergisch Gladbacher Stadtgebiet in **Penningsfeld** geht es über den Frankenforstbach. Am Waldrand folgen wir an der Gabelung dem Weg halb links, verlassen später die Zufahrtsstraße wiederum halb links und fahren in einem Linksbogen zur Kreuzung am Waldende. Die vielen Verkehrswege zeugen von der Nähe einer Großstadt – so müssen wir kurz darauf zuerst eine Autobahn überqueren, gleichzeitig eine Stadtbahn unterqueren und kurze Zeit später die Olpener Straße im Rechtsversatz passieren, um am Wanderparkplatz links einbiegend zum Erholungsgebiet **Brücker Hardt** zu gelangen.

Nachdem wir einen Bach über eine Holzbrücke passiert haben, überqueren wir eine stark frequentierte Straße, fahren geradeaus in den **Königsforst,** an der Schutzhütte weiter geradeaus, in der Folge bergan und biegen später in Höhe eines Rastplatzes rechts auf den Rennweg ein. Wir genießen die Grüntöne des im Frühsommer lichtdurchfluteten Mischwalds auf dem für Autos gesperrten Waldweg, queren später die Rösrather Straße und passieren eine Baumschule.

*Ursprünglich gehörte der **Königsforst** zum Krongut der Frankenkönige. Mit der Säkularisierung gelangte der sich in kirchlichem Besitz befindliche Königsforst in staatliche Hände des Großherzogtums Berg. Die Herzöge zu Berg nutzten den Wald als Jagdgebiet.*

Mit dem Ankauf von Waldflächen durch die Stadt Köln gegen Ende des 19. Jahrhunderts wurde der Königsforst für Erholungszwecke erschlossen. Heute ist er im rechtsrheinischen Köln ein beliebtes Freizeit- und Ausflugsziel. Ein dichtes Netz von breiten Wegen lädt zum genussvollen Wandern und Radfahren ein. Ein Dokument aus der Zeit der Erschließung als Erholungsgebiet ist das Gebäude des ehemaligen Bahnhofs Königsforst. Dies erreichen wir mit einem Abstecher links hinter der Baumschule. Hier hielten noch bis in die 1970er-Jahre hinein Züge von und nach Köln. In dem umgestalteten Bahnhofsgebäude mit Außenterrasse lädt das **Restaurant Asado** ⑤ mit spanischen Tapas zu einer ausgedehnten Mittagspause ein.

Die Querung der nahe gelegenen Autobahn wäre bis vor etwa 20 Jahren nicht möglich gewesen, denn

Buen apetito im Asado

die **Wahner Heide** war bis 2003 militärisches Sperrgebiet. Dieses heute landesweit artenreichste Schutzgebiet ist ein besonderes Kleinod im Großraum Köln-Bonn (siehe Tour 13). An der kommenden Gabelung biegen wir links auf den Wolfsweg, passieren die ehemalige Panzerverladerampe und erreichen später den Wanderparkplatz am Grengeler Mauspfad.

Wir überqueren die Straße, biegen dahinter sofort rechts auf den schmalen Wanderweg ein und folgen der Ausschilderung zu unserem nächsten Etappenziel. Im **Erholungsgebiet Gut Leidenhausen** 6 (siehe Tour 1) bieten Bänke und Liegewiesen zahlreiche Ruheplätze. Das ursprünglich im 14. Jahrhundert als Rittersitz erwähnte **Gut Leidenhausen** dient heute als Waldmuseum und firmiert zugleich als Heideportal und Umweltpädagogik-Zentrum der Stadt Köln. Auf der benachbarten Obstbaufläche laden alte Obstsorten zum Naschen ein. Darüber hinaus lädt ein **Café** 7 mit Außengastronomie sowie Sitzgelegenheiten unter einer mächtigen Linde im Innenhof des Anwesens zu einer Kaffeepause ein.

Der weitere Verlauf entspricht der Route von Tour 1. Vorbei an der **Greifvogelschutzstation,** überqueren wir kurz danach die Bahnlinie, fahren rechts unter der Autobahn geradeaus durch **Grengel,** später am Hotel rechts nach Elsdorf, dort am Ortsbeginn links über den Mühlenweg nach **Wahn** und erreichen später über die Burgallee unseren Zielpunkt, doch vorher lohnen sich noch zwei Abstecher.

Das **Schloss Wahn** 8 in seiner heutigen Form entstand Mitte des 18. Jahrhunderts nach französischem Vorbild und zählt zu den bedeutendsten Prachtbauten des Barock im Rheinland. Unter der Woche gelangt man auch auf den Innenhof der Anlage. Der unmittelbar angrenzende **Eltzhof** war lange Zeit Hauptsitz der Landwirtschaftskammer Rheinland; seit 2005 wird er als Kulturzentrum und Gastronomiebetrieb genutzt.

Von hier geht es zurück zum Burggraben, nun ist es nicht mehr weit zum Bahnsteig der S-Bahn, die uns rasch in Richtung Kölner Innenstadt zurückbringt.

*Brauhausküche und frisch gezapftes Kölsch auf der Gartenterrasse im historischen Ambiente des **Eltzhofs** bilden den kulinarischen Abschluss dieser Tour; wer möchte, kann sich zum Abschalten in die Lounge-Ecke zurückziehen.*

Goldener Weizen

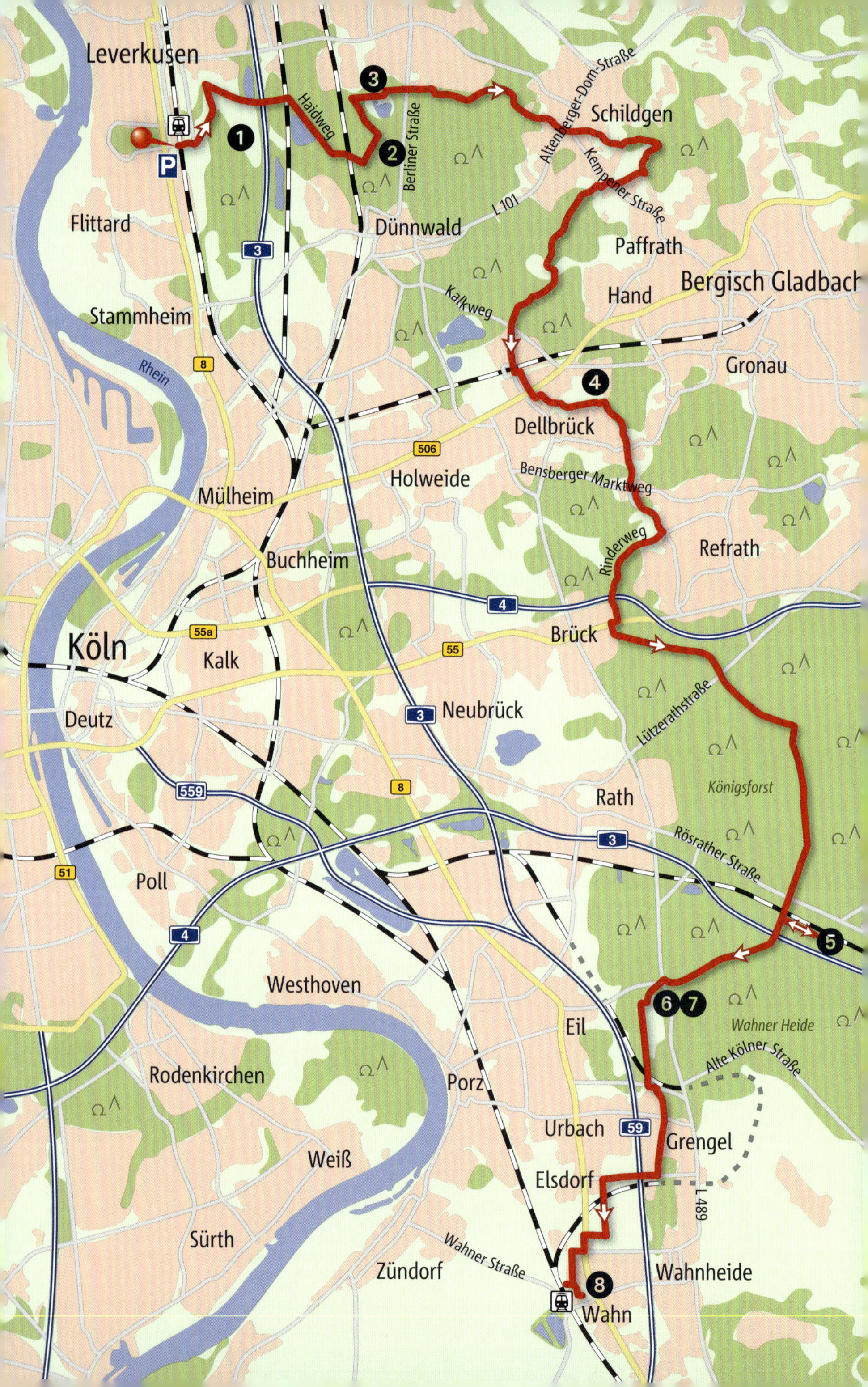

Leverkusen
P
1
2
3
Haidweg
Berliner Straße
Altenberger-Dom-Straße
Schildgen
Kempener Straße
L 101
Flittard
Dünnwald
3
Paffrath
Bergisch Gladbach
Hand
Stammheim
Kalkweg
Gronau
Rhein
8
4
Dellbrück
506
Bensberger Marktweg
Holweide
Mülheim
Buchheim
Refrath
Rinderweg
4
Brück
55a
Köln
Kalk
55
Lützerathstraße
Deutz
3
Neubrück
Königsforst
559
8
Rath
3
Rösrather Straße
51
Poll
4
5
Westhoven
6
7
Wahner Heide
Eil
Alte Kölner Straße
Rodenkirchen
Porz
Urbach
59
Grengel
Weiß
Elsdorf
L 489
Sürth
Zündorf
Wahner Straße
8
Wahnheide
Wahn

Entspannung ★★★☆☆

Genuss ★★★★☆

Romantik ★★★☆☆

WIE & WANN:

Zum Teil flache, in Bergisch Gladbach hügelige, eher anspruchsvolle Strecke; einige Abschnitte auf nicht asphaltierten, z. T. unbefestigten Wegen, größtenteils autofrei bzw. autoarm, sehr viele Waldabschnitte. Geländetaugliches Fahrrad empfohlen. Beste Radtourzeit: von März bis Oktober. Mögliche Anschlusstouren: Tour 10, Tour 13 und Tour 14.

HIN & WEG:

Auto: Parkplatz Kurtekotten (GPS: 51.01213, 6.99758)

ÖPNV: S 6 bis LEV-Chempark; Rückkehr zum Ausgangspunkt: Ab Porz-Wahn S 12, S 19 bis Köln Messe Deutz, weiter mit S 6 bis LEV-Chempark

ESSEN & ENTSPANNEN:

Restaurant Asado ❺ Baumschulenweg 3, 51107 Köln-Heumar, Tel. (02 21) 89 47 97, www.restaurant-asado.de

Café Gut Leidenhausen ❼ Gut Leidenhausen 1a, 51147 Köln-Porz/Grengel, Tel. (0 22 03) 9 80 05 40, www.gut-leidenhausen.de

ENTDECKEN & ERLEBEN:

Flugplatz Kurtekotten ❶ Kurtekottenweg 1, 51373 Leverkusen

Siedlung Am Kunstfeld ❷ 51069 Köln-Dünnwald

NSG Kiesgrube Hornpottweg ❸ 51069 Köln-Dünnwald

Straßenbahnmuseum Thielenbruch ❹ Otto-Kayser-Straße 2 c, 51069 Köln-Dellbrück, www.hak.koeln

Gut Leidenhausen ❻ mit Waldmuseum, Obstgarten und Heideportal sowie Greifvogelschutzstation, Gut Leidenhausen 1a, 51147 Köln-Porz/Grengel

Schloss Wahn ❽ Burgallee 2, 51147 Köln-Porz/Wahn, www.schloss-wahn.com

- 38 Kilometer
- 116 Höhenmeter
- 3,5 Stunden
- Streckentour

Rosa Pracht in Keldenich

Parks und Hofgärten

Vom Kölner Süden ins barocke Bonn

Diese Tour führt als RegioGrün-Erlebnisroute von Köln nach Bonn. Neben zahlreichen Alleen und bedeutenden Anlagen der Garten- und Baukunst lädt vor allem zu den Übergangsjahreszeiten die Kölner Bucht am Rande des Vorgebirges mit ihren weiten Obst- und Gemüsefeldern, alten Siedlungsstätten und mittelalterlichen Burganlagen zu einer Entdeckertour ein. Entlang asphaltierter Feldwege geht es fast autofrei durch diese Region, die letzten Kilometer in Bonn muss man sich die Fahrbahn zuweilen mit Autos teilen.

Unsere Tour beginnt in der Kölner Südstadt in einer der ältesten Grünanlagen auf Kölner Stadtgebiet, dem Kölner **Volksgarten.** Wo einst preußische Soldaten einquartiert wurden, ziert heute ein Rosengarten den Außenbereich des ehemaligen **Fort IV.** Die Idee der Umwandlung einstiger Militärflächen in Grünanlagen erwies sich als Glücksfall für die Stadt Köln. Viele Grünflächen locken heute rund um die mittelalterliche Stadtfläche Erholungssuchende, hier lässt es sich schnell vom hektischen Großstadtleben erholen.

So lädt der in der Mitte des Parks gelegene Weiher mit Fontäne, Liegewiesen, Booten und Schatten spendenen Weiden zum Verweilen ein.

In Höhe der Knoten-Nr. 54 startet unsere Tour, zunächst entlang des Radwegs neben der Vorgebirgsstraße. An der nächsten Ampel wechseln wir die Straßenseite, der links verlaufende Radweg führt wenig später halb links in den **Vorgebirgspark.** Hier auf den Spuren von Fritz Encke, dem damaligen königlichen Gartenbaudirektor, führt die Tour autofrei über mittlerweile

*Der **Vorgebirgspark** ist die Verbindung zwischen dem Inneren und Äußeren Grüngürtel. Er wurde zwischen 1912 und 1914 als Sport- und Begegnungspark angelegt.*

Naturschutzgebiet Entenfang

Für die Seele

Auf ruhigen Wegen durch Parks und Grünzüge genießen wir die Blütenvielfalt in der Kölner Bucht.

gut ausgebaute Wege vorbei an den Kölner Stadtteilen **Raderberg, Zollstock** und **Raderthal.** Hierbei über- oder unterqueren wir einige Straßenzüge.

Unterwegs laden zahlreiche Ruhebänke und Rastplätze zu einem Zwischenstopp ein. Auf einigen Infotafeln werden die Besonderheiten dieses Themenradwegs (RegioGrün-Erlebnisroute Süd) erläutert. Das Radfahren wird niemals langweilig, da sich sämtliche Wege in geschwungenen Verläufen durch diesen innerstädtischen Grünzug ziehen und uns so vielfältige Eindrücke aus allen Richtungen schenken.

Später müssen wir kurz absteigen und das Fahrrad über eine Fußgängerbrücke schieben. Unter uns liegt der Militärring (siehe Tour 2). In Höhe der Knoten-Nr. 15 biegen wir links auf den Radweg ein, überqueren zunächst die Brühler Straße und biegen kurze Zeit später (Knoten-Nr. 86) den blau-gelben Markierungen folgend rechts in den Robinienweg ein. Über eine breite, autoarme Straße geht es zunächst durch den äußeren Grüngürtel, später über eine Autobahn hinweg und vorbei an der Agrarlandschaft bis in den Kölner Ortsteil **Rondorf.** Zunächst müssen wir uns auf der Ortsdurchfahrt die Straße mit den Autos teilen, nach wenigen Metern biegen wir links in die Hahnenstraße ein, durchfahren ein verkehrsberuhigtes Wohngebiet und verlassen die Straße am Wegende im Linksknick zunächst geradeaus, an der kommenden Feldwegkreuzung biegen wir rechts ein. Vorbei am Friedhof, geht es mitten durch die Spargel- und Erdbeerfelder, denn dank der fruchtbaren Lössböden auf den Rheinterrassen sprießt hier nicht nur Getreide, sondern es werden auch viel anspruchsvolles Obst und Gemüse angebaut. Was für eine Freude – wir können uns den Genuss köstlichster Speisen vorstellen. In der Folge geht es immer geradeaus, später eine Straße querend bis in den Kölner Stadtteil **Immendorf.**

Urkundlich erstmals erwähnt wurde ***Immendorf*** *Mitte des 10. Jh.; so steht die Kirche auf einem alten fränkischen Siedlungshügel. Vom 14. bis ins 19. Jh. hatte im Ort neben der Landwirtschaft auch der Weinbau eine mehrere Hundert Jahre währende Tradition.*

Von Weitem erkennen wir die Kirche **St. Servatius.** Sie befindet sich auf dem Kirchberg (ehemals Heidenberg) über dem alten Ort Immendorf. Ursprünglich am Rande einer alten Rinne des Rheins, dem Urrhein, gelegen, prägten regelmäßige Hochwasser bis weit in die 1920er-Jahre hinein die Gegend.

Links an der Kirche vorbei, folgen wir an der kommenden Kreuzung der Wegweisung rechts in die Berzdorfer Straße, eine für den Radverkehr durchlässige Sackgasse. Unser nächstes Etappenziel sind die

Villa rustica bei Wesseling

Kiesgruben bei Meschenich. Das ehemalige Kiesabbaugebiet wurde zur „Landschaftsachse Meschenich" umgestaltet und ist seitdem auch für Radfahrer deutlich aufgewertet. Die Route verläuft nahe der Absperrung des Geländes. Wir folgen der Wegweisung und erreichen nach einer Weile in Höhe eines Wegknicks einen **Aussichtspunkt ①,** auf den wir hinaufsteigen können, nachdem wir die Räder abgestellt haben. Bei schönem Wetter können wir die Aussicht über die blau schimmernden Wasserflächen der Kiesgruben sowie die nähere Umgebung genießen. Mit ein wenig Glück erkennt man die Silhouette der Innenstadt; sie scheint sehr weit entfernt zu liegen.

Weiter geht es um die abgesperrte Schutzfläche herum, ab dem **Engelshof** säumen Pferdekoppeln unseren Weg. Nach Überquerung eines Bahngleises gelangen wir in den Wesselinger Ortsteil **Berzdorf,** der ehemalige **Wasserturm ②** dient uns dabei als Landmarke. Direkt nebenan bietet sich das **Restaurant Poseidon ③** mit griechischer Küche (Tipp: kalte Vorspeisenplatte Pikilia) zur Mittagseinkehr an.

An der dortigen Kreuzung biegen wir links in die recht stark frequentierte Brühler Straße ein, verlassen diese jedoch schnell nach wenigen Metern rechts, passieren **Gut Hagenhof,** mitten im Ort gelegen und umrahmt von Obstbäumen auf einem Kirchberg, durchqueren den Ort und orientieren uns an der Knoten-Nr. 79 links in Richtung Bonn.

Bei Weiterfahrt nach Bonn folgen wir den Wegweisern und fahren kurz danach am **Naturschutzgebiet (NSG) Entenfang** vorbei, einer Altstromrinne des Rheins. Wo früher Kurfürsten ihre Falken zur Jagd auf Reiher losschickten, lassen sich entlang des Ufers heute viele Wasservögel bei ihren ungefährdeten Streifzügen beobachten. Zahlreiche Bänke und Beobachtungspunkte laden zu einer längeren Pause ein. Am Ende des als Erholungsgebiet erschlossenen Altarms gelangen wir über den Wiesenweg nach **Keldenich.**

*Abseits der Route in einem Gewerbegebiet liegen die Fundamente eines 1986 entdeckten römischen Landgutes **(villa rustica),** das aus dem 1. Jh. stammt und wohl bis ins 4. Jh. bewirtschaftet wurde. Der Versorgungsbedarf bescherte Landbesitzern Reichtum und hohes Ansehen.*

Blumenfeld bei Roisdorf

Hier biegen wir zunächst links in die Sechtemer Straße ein, an der nächsten Ampel geht es rechts auf dem Radweg (links der Fahrbahn!) der Eichholzer Straße weiter in südliche Richtung. Am Ortsende müssen wir an der Kreuzung, mehrere Ampelphasen abwartend, in Fahrtrichtung links weiterradeln und erreichen kurz darauf ein Gewerbegebiet.

In Höhe des Distributionszentrums „Snipes“ verlassen wir die eher unwirtliche Gegend und radeln nun rechts, den Wegweisern folgend, durch intensiv genutztes Ackerland. Nach dem Abzweig am Roisdorfer-Bornheimer Bach befindet sich ein wahrer Wohlfühlort. Hier bietet sich dem Auge im Frühjahr eine weiße Pracht, wenn die Äpfel- und Kirschbäume blühen. Im Sommer und zur Erntezeit im Herbst dominieren andere Farben, dann bilden rot leuchtende Äpfel neben grünen Birnen und gelben Sonnenblumenfeldern die farbige Begleitkulisse. Wegen seiner klimatischen Gunstlage im Windschatten des Vorgebirges gedeihen auf diesen fruchtbaren Lössböden auch Spargel und Erdbeeren – so ist der **Bornheimer Spargel** auch überregional bekannt. Wenig später touchieren wir den Bahndamm der Bahnlinie Köln-Koblenz, doch kurz danach geht es wieder durch Obstwege und im wahrsten Wortsinn über einen Gemüseweg (Raiffeisenstraße) bis zur Rückfront des **Roisdorfer Centralmarkts.** Er wurde 1920 als „Kreis-Obst- und Gemüse-Versteigerung Vorgebirge“ gegründet. Heute ist der Markt eine Tochtergesellschaft von Landgard, dem bundesweit größten Vermarktungsbetrieb von Obst, Gemüse und Zierpflanzen.

*In **Roisdorf** gab es schon zu Römerzeiten eine ergiebige Mineralquelle. 1774 entdeckte ein Bonner Medizinstudent die Heilkraft des Wassers, im 19. Jh. wurde Roisdorfer Wasser zu einem Exportartikel, zeitweilig war Roisdorf Kneippkurort.*

Hier fahren wir entgegen der Wegweisung geradeaus weiter und biegen am Wegende rechts in den Herseler Weg ein. Nach Querung der Bahnlinie erreichen wir den Bornheimer Ortsteil **Roisdorf.** Dort queren wir zunächst eine Ausfallstraße, fahren auf Alfter zu, biegen an der Stadtbahnhaltestelle links ein und fahren parallel zur Bahn in Richtung Bonn. Später unterqueren wir rechts die Bahnlinie, nun geht es ein Stück

Pfingstrosentraum

bergan bis zu einem Kreisel, dann, den Wegweisern in einigen Versetzen folgend, über Gemüsefelder in den Bonner Ortsteil **Meßdorf.**

Die Route führt am Ortsende vorbei an **Gut Ostler,** kurze Zeit später geht es weiter über die „weiße Brücke" der Voreifelbahn. Nach dem Rechts-Links-Haken unmittelbar hinter der Brücke erreichen wir **Endenich,** wo man bereits die Geräusche der Großstadt erahnen kann. Über die Straße Am Burggraben passieren wir **Burg Endenich,** Keimzelle der Ortsgründung von Endenich. Die Hauptburg wurde gegen Ende des 17. Jahrhunderts zerstört, in der übrig gebliebenen Vorburg ist u. a. eine Zweigstelle der Stadtbibliothek untergebracht.

Wir biegen am Wegende links ein; nach einer etwas steileren Gefällepassage und dem Überqueren der Stadtautobahn erreichen wir schon bald **Poppelsdorf.** Rechts und weiter durch die Nussallee passieren wir die heute von der Bonner Universität genutzten Ge-

Hofgartenwiese mit Kunstakademie

bäude aus der Gründerzeit und erblicken am Ende der Allee das **Poppelsdorfer Schloss** ❹, einen Barockbau aus dem 18. Jahrhundert, errichtet auf den Fundamenten einer ehemaligen Wasserburg. Die damaligen Kurfürsten ließen den Bau nach den Plänen von Balthasar Neumann erweitern. Unter den Preußen wurden das Schloss und der angrenzende Park 1818 Eigentum der Universität. Nach Umgestaltung des Schlossparks zum **Botanischen Garten Bonn** findet man heute etwa 8.000 verschiedene Pflanzen, zum Teil in Gewächshäusern, vor. Heute sind hier Teile der naturwissenschaftlichen Fakultät untergebracht, außerdem eine Mineraliensammlung.

Überregional bekannt wurde der ***Botanische Garten*** *mit der Ausstellung einer Riesenorchidee, dem Titanenwurz. Im Innenhof der Schlossanlage finden zur Sommerzeit regelmäßig Konzerte statt.*

Den krönenden Abschluss unserer Radtour bildet links vom Schloss die Fahrt auf der barocken Achse. Vor der Weiterfahrt lohnt daher noch einmal ein Blick zurück auf das formenprächtige Schloss mitsamt Wassergraben. Entlang der von Kastanienbäumen gesäumten Poppelsdorfer Allee geht es nun stadteinwärts unter der Bahn hindurch (schieben!) zum **Kurfürstlichen Schloss,** in welchem seit 1818 das Hauptgebäude der Bonner Universität beheimatet ist. Ebenso wie das Poppelsdorfer Schloss war das Gebäude bis zum Einmarsch der französischen Revolutionstruppen kurfürstliche Residenz. Sowohl nach einem Feuer im 18. Jahrhundert als auch nach dem letzten Krieg wurde die Schlossanlage wieder aufgebaut. Daneben lädt die **Hofgartenwiese** ❺ zum Verweilen ein. Hier fanden zu Zeiten der Bonner Republik zahlreiche Demonstrationen statt. Als zentral gelegene Grünanlage lässt sich auf dieser großen Liegewiese heute gut entspannen, und unter der Woche kann man das studentische Treiben beobachten.

Bei Abreise mit der Bahn schiebt man sein Fahrrad am besten durch die **Fußgängerzone** der Bonner Innenstadt, die immer einen Besuch lohnt und genügend Einkehrmöglichkeiten bietet, zum **Bonner Hauptbahnhof.**

Poppelsdorfer Schloss

Köln
Sülz
Zollstock
Vorgebirgs-
park
Raderthal
Militärringstraße
Grüngürtel
Poll
L 82
Westhoven
Rath
Königsforst
Wahner
Heide
Rodenkirchen
Porz
Höningen
Hochkirchen
Hahnwald
Weiß
Rondorf
Meschenich
Immendorf
Zündorf
Wahn
Rhein
Kerkrader Straße
Brühler Straße
L 182
Berz-
dorf
Wesseling
Niederkassel
Eichholzer Straße
Keldenich
L 190
L 192
L 300
Sechtem
Sieg
L 281
Bornheim
L 183n
Roisdorf
Tannen-
busch
Bonn
Beuel
Alfter
Dransdorf
Meßdorf
Endenich
Poppelsdorf

Entspannung ✱✱✱✱✱

Genuss ✱✱✱✱✱

Romantik ✱✱✱✱✱

WIE & WANN:

Leichte, flache Strecke mit kurzen Anstiegen und überwiegend asphaltierten Wegen, zumeist autoarm. Die Tour ist ausgeschildert mit Fahrradwegweisern der landesweiten Radwegweisung NRW sowie mit dem Routenlogo der RegioGrün-Erlebnisroute Süd. Beste Radtourzeit ist März bis Oktober.

HIN & WEG:

Auto: Vorgebirgswall, 50677 Köln (GPS: 50.91910, 6.94801)
ÖPNV: Stadtbahn 12 bis Eifelplatz oder Stadtbahn 15, 16 bis Ulrepforte;
Rückkehr zum Ausgangspunkt: ab Bonn Hbf. RE 5, RB 26 oder RB 48 bis Köln-Süd

ESSEN & ENTSPANNEN:

Restaurant Poseidon ❸ Langenackerstraße 2, 50389 Wesseling-Berzdorf,
Tel. (0 22 32) 4 70 77, www.restaurant-poseidon-wesseling.de

ENTDECKEN & ERLEBEN:

Aussichtspunkt Kiesgruben bei Meschenich ❶ 50997 Köln-Meschenich
Ehemaliger Wasserturm Berzdorf ❷ Langenackerstraße 2, 50389 Wesseling-Berzdorf
Poppelsdorfer Schloss ❹ mit Botanischem Garten, Meckenheimer Allee 171, 53115 Bonn
Hofgartenwiese ❺ mit Schloss und Kunstmuseum, Am Hof 1, 53113 Bonn

Abtei in Sicht

Diese Tour führt vom Inneren in den Äußeren Grüngürtel und später über eine autofreie Achse durch den „dritten" Grüngürtel in das heute auf Pulheimer Stadtgebiet liegende Brauweiler. In diesem von großen Freiflächen geprägten Gebiet des einstigen Landkreises Köln lässt sich die künftige Siedlungs- und Verkehrs-

Abteimusik

Im Kölner Westen

planung Kölns und seines Umlandes gut verfolgen: Neue Siedlungen entstehen, Straßen werden gebaut, andere Straßen zurückgebaut, neue Erholungsanlagen werden entwickelt. Highlight der Tour ist die in Brauweiler auf einer Anhöhe liegende Abtei mit der weithin sichtbaren Abteikirche St. Nikolaus.

Startpunkt ist der **Aachener Weiher,** der den Mittelpunkt des Inneren Grüngürtels bildet. Wir fahren ab der Haltestelle Universitätsstraße links den Radweg der Inneren Kanalstraße entlang, nach wenigen Metern sofort wieder rechts, weiter den Wegweisern folgend, entlang der Kanäle und nach Querung der Stadtbahnlinie hinein in den **Kölner Stadtwald.**

An der ersten Gabelung geht es rechts weiter, später leicht bergan und halb rechts hin zur Friedrich-Schmitt-Straße, auf deren Radweg weiter bis zur Ampel. Dahinter geht es nochmals einen Hügel bergauf, in Höhe der Fußballwiese rechts, über die Straße hinweg und um das **Müngersdorfer Stadion** **1** herum. Dieses von Weitem an seiner markanten Dachkonstruktion erkennbare Stadion mit über 100-jähriger Geschichte steht auf dem ehemaligen preußischen Befestigungsring (siehe auch

*Der etwa 1,5 Kilometer lange **Lindenthaler Kanal** entstand 1925 als radiale Grünverbindung zwischen dem Äußeren und dem Inneren Grüngürtel. Die ihn umgebenden Linden- und Kastanienalleen sowie die steinernen Figuren verleihen der Promenade eine besondere Note.*

Plattform bei Müngersdorf

Tour 2) und wurde nach einigen Umbauten 2004 neu eröffnet. Hier wird nicht nur Fußball gespielt, sondern es finden auch andere Großevents statt. Weiter entlang zahlreicher Sportanlagen – in der Nähe befindet sich auch die Kölner Sporthochschule – radeln wir auf die Aachener Straße zu. Nach deren Überquerung kom-

Für die Seele

Über innerstädtische Grünzüge und autofreie Feldwege folgen wir den Musikklängen aus der Abtei Brauweiler.

men wir wieder zu einem Parkgelände. Dem Hauptweg folgend, erreichen wir, am Wegende links abbiegend und oberhalb der Bahngleise, **Haus Belvedere** (siehe Tour 2). Unmittelbar danach passieren wir das Gelände der 1925 gegründeten Städtischen Freiluft- und Gartenarbeitsschule **(Freiluga).** Inspiriert von den Ideen der Reformpädagogik, bietet dieser außerschulische Lernort Stadtkindern Naturerlebnisse vor der Haustür an.

Wir folgen der Straße in Fahrtrichtung, an der nächsten Ampel queren wir diese, fahren dahinter links auf dem Radweg, der Wegweisung folgend, vorbei an einem kleinen Aussichtsturm. Von hier bietet sich bei klarer Sicht unter anderem ein romantischer Blick auf die Kölner Skyline. Weiter und am Wegende links geht es unter der Autobahn hindurch in den Kölner Stadtteil **Widdersdorf.** Wir passieren nun ein Neubaugebiet und orientieren uns weiter in Fahrtrichtung Westen. Am Kreisel folgen wir dem Verlauf der Straße Auf dem Aspel, später geht es, dem Wegweiser folgend, rechts zur Kirche **St. Jakobus ②.** Inmitten des Ortes bildet der Kirchturm eine auffällige Landmarke. Pfarrhaus, Küsterhaus sowie weitere Gutshöfe unter-

*In **Widdersdorf** erblickte der Kabarettist Jürgen Becker das Licht der Welt. Der wohl prominenteste Bewohner Widdersdorfs war jedoch bis zu seinem Tod im Jahr 2006 der Geißbock Hennes, das Maskottchen der Fußballmannschaft des 1. FC Köln.*

streichen den Charakter des mittelalterlichen Ortsbildes (12. Jahrhundert).

Von der Kirche aus folgen wir der Hauptstraße links, danach überqueren wir den Kölner Randkanal und setzen unsere Fahrt entlang der mittlerweile für den Autoverkehr gesperrten ehemaligen Kreisstraße fort. Im Frühjahr beflügelt durch die blühenden Wiesen und Felder, erkennen wir bereits unser nächstes Etappenziel **Brauweiler.** Am Wegende geht es zunächst rechts auf einem Radweg entlang der Landstraße, an der Ampel zuerst über die Straße, dann rechts und weiter auf dem Radweg links der Straße bis zur nächsten Ampel. Dort fahren wir links in die Donatusstraße, queren anschließend die Helmholtzstraße und halten uns rechts auf dem Weg parallel zur Straße. An der dritten Abzweigung biegen wir links ein und fahren durch eine Allee leicht bergan in den Abteipark, dort im Rechts-Links-Bogen bis zur **Abteikirche Brauweiler ③.**

*Die Abteikirche **St. Nikolaus und Medardus** folgte auf die 1024 gebaute Klosterkapelle. Graf Ezzo sah es der Legende nach als Zeichen des Himmels, dass sich seine Frau Mathilde unter einem Maulbeerbaum in der Nähe ausruhte, und errichtete hier die Kirche.*

Die Abtei Brauweiler war über das gesamte Mittelalter ein Wallfahrtszentrum des Heiligen Nikolaus. Nach der Säkularisierung durch Napoleon wechselte es mehrmals seine Funktionen. Zuletzt wurde es zu einem regionalen Kulturzentrum umgebaut. In der Abtei sowie im Innenhof finden regelmäßig kulturelle Veranstaltungen wie Konzerte, Lesungen und Ausstellungen statt, und mit ein wenig Glück können wir Chorgesang oder Orgelklängen aus dem Kircheninneren lauschen.

Lohnenswert ist ein Rundgang durch die aufgegliederte Innenhofanlage. Hier können wir auf den Spuren der Benediktiner die einst klösterliche Atmosphäre erspüren.

Nach diesen Eindrücken verlassen wir das Abteigelände, gegenüber laden auf dem umgestalteten Guidelplatz diverse Einkehrmöglichkeiten zu einer Stärkung ein. Bei der Weiterfahrt links entlang der Ehrenfriedstraße müssen wir auf den Autoverkehr

Abtei Brauweiler

achten. An der nächsten Gabelung orientieren wir uns links, nutzen anschließend den Radweg neben der Mathildenstraße in Richtung Frechen.

__Freimersdorf,__ das vor allem aus einzelnen Höfen bestand, wurde 1028 in einer Liste von Gütern genannt, die Pfalzgraf Ezzo der Abtei in Brauweiler vermachte. Beachtenswert ist die monumentale Figurengruppe, die Maria mit dem Kinde, flankiert von zwei Engeln, darstellt.

Kurz vor **Freimersdorf** verlassen wir den Radweg halb rechts. Freimersdorf war früher eine eigene Bürgermeisterei. Heute ist es ein kleiner Stadtteil von Pulheim und besteht aus einem Ensemble von Hofanlagen, welche mittlerweile zu modernen Wohnungen umgebaut wurden oder als Reithöfe genutzt werden. Inmitten des Ortes orientieren wir uns an der Bauminsel links und nutzen anschließend rechts den Radweg entlang der Bonnstraße (L 183). Die im weiteren Verlauf rechts von uns liegende Freifläche wurde nach den Gesetzen der Rheinischen Fruchtfolge (Ackerland – Brachland – Bauland) im Bereich von Königsdorf in Bauland umgewandelt. Direkt neben dem Radweg zeugt der Golfplatz von einem weiteren Bedeutungswandel des ehemaligen Ackerlandes als Freizeitfläche. Immerhin bietet die neu geschaffene Grünanlage zumindest optisch einen Kontrast zu den Neubauten und verbliebenen Ackerflächen südlich von Freimersdorf.

Grünes Brauweiler

Wir unterqueren die Bahnlinie in Höhe des **S-Bahnhofs Weiden West** auf der Stadtgrenze zu Köln. Im Kreisel halten wir uns links. Das frühere Straßendorf **Weiden** gehörte bis zur Kommunalreform zur Gemeinde Lövenich. Zunächst geht es links ein Stück des Radweges entlang der Aachener Straße, nach Querung der Stadtbahngleise rechts und über einen schmalen Weg vorbei am Stammhaus. Nun erreichen wir die Straße Am Rapohl. Ab hier folgen wir links wieder der rot-weißen Beschilderung zurück in Richtung Kölner Innenstadt. Der weitere Verlauf führt uns durch zum Teil dicht bebautes Wohngebiet, später geht es auf einer Fußgängerbrücke über die Autobahn. Sie trennt die beiden Stadtteile Weiden und Junkersdorf.

Auf eher ruhigen Straßen passieren wir **Junkersdorf,** folgen den rot-weißen Wegweisern über Eifelallee, Blumenallee, rechts durch die Birkenallee, links in den Kölner Weg. Vom Radweg des Kölner Wegs knickt die Route rechts ab in die Paul-Finger-Straße, sofort wieder links in die Statthalterhofallee, dann rechts in den Burgenlandweg. Hinter dem Wendehammer geht

Kölns grüner Gürtel

Stadtpark in Lindenthal

es zunächst geradeaus weiter, dann links bis zur Salzburger Straße. Nach deren Rechts-links-Überquerung verläuft die Route durch die Waldsiedlung auf dem Gelände der ehemaligen Belgischen Siedlung. Ursprünglich sollte nach dem Abzug der Belgier dieses Siedlungsareal mit teuren Gebäuden erschlossen werden, erst durch das Bürgerengagement vor Ort wurde erreicht, dass die in die Jahre gekommenen Wohnhäuser mitsamt der Infrastruktur saniert wurden. Am Wegende geht es im Linksversatz in den Wald hinein, dann folgen wir der Wegweisung zunächst rechts, dann im spitzen Winkel links. Wir erreichen die Jahnwiese – hier stand zu Römerzeiten ein recht ansehnlicher Gutshof – und fahren dahinter halb rechts zum **Adenauer Weiher.** Wer möchte, kann sich auf der Besucherterrasse des **Biergartens Club Astoria** ❹ mit unverstelltem Blick auf den Weiher verwöhnen lassen. Dort erwarten uns neben dem bezaubernden Ambiente kulinarische Gaumenfreuden und köstliche Getränke. Ansonsten radeln wir vom Adenauer Weiher aus im spitzen Winkel rechts und um den halben Weiher herum, folgen der Wegweisung, passieren einen Unterstand, überqueren anschließend den Militärring über eine Fußgängerbrücke und erreichen den Lindenthaler **Stadtwald** ❺.

Hier laden ein Wildgehege mit Ziegen, Ponys und Damwild sowie nach Queren der Kitschburger Straße der Kahnweiher mit Bootsverleih zum Verweilen ein. Entsprechend sind die Wege in und um das Gelände von vielen Familien mit Kleinkindern frequentiert. Weiter entlang des Stadtwaldweihers verlassen wir den Stadtwald, überqueren die Fürst-Pückler-Straße, anschließend die Gleise der Stadtbahn und fahren so wie auf dem Hinweg am **Lindenthal-Kanal** mit seinen streng geometrischen Formen entlang; wenig später erreichen wir unter Linden und Kastanien unseren Ausgangspunkt, das **Museum für Ostasiatische Kunst** an der Universitätsstraße/Innere Kanalstraße.

*Der **Stadtwald** als Teil des linksrheinischen Grüngürtels wurde gegen Ende des 19. Jh. außerhalb von Köln angelegt. Die Stadt erwarb 1895 weitere Freiflächen, pflanzte über 800.000 Bäume und legte gewundene Wege an, wodurch sich neue Ausblicke erschließen.*

Sinthern
Widdersdorf
Bocklemünd
Ossendorf
Brauweiler
Hauptstraße
Donatusstraße
Auf der Aspel
Landschaftspark Belvedere
Militärringstraße
Bickendorf
Neuehrenfeld
Mathildenstraße
Lise-Meitner-Ring
Vogelsang
Venloer Straße
L 213
Gregor-Mendel-Ring
Freimersdorf
Bonnstraße
Lövenich
Ehrenfeld
Innere Kanalstraße
Königsdorf
Weiden
Müngersdorf
Aachener Straße
Braunsfeld
Sportpark Müngersdorf
Kirchweg
Frechener Weg
Junkersdorfer Straße
Kitschburger Straße
Junkersdorf
Kahnweiher
Köln
Stadtwaldviertel
Lindenthal
Universitätsstraße
Gleueler Straße
Sülz
Frechen
Marsdorf
Militärringstraße
Grün-gürtel
Beethoven-
57
59
55
9
1
4
264
265
1
2
3
4
5

Alles auf einen Blick

WIE & WANN:
Meist leichte, flache Strecke mit einigen unbefestigten Wegabschnitten und kürzeren Anstiegen im Stadtwald; größtenteils autofreie bzw. autoarme Wegführung. Die Tour ist auf Kölner Stadtgebiet ausgeschildert mit Fahrradwegweisern der landesweiten Radwegweisung NRW bzw. als RegioGrün-Erlebnisroute Nordwest. Beste Radtourzeit ist März bis Oktober. Mögliche Anschlusstour: Tour 2.

Entspannung ✱✱✱✱✱
Genuss ✱✱✱✱✱
Romantik ✱✱✱✱✱

HIN & WEG:
Auto: Parkmöglichkeit am Museum für ostasiatische Kunst (GPS: 50.93653, 6.92525)
ÖPNV: Stadtbahn 1 und 7 bis Universitätsstraße

ESSEN & ENTSPANNEN:
Biergarten Club Astoria ❹ Guts-Muths-Weg 3, 50933 Köln-Müngersdorf, Tel. (02 21) 9 84 75 10, www.club-astoria.eu

ENTDECKEN & ERLEBEN:
Müngersdorfer Stadion ❶ Junkersdorfer Straße, 50933 Köln-Müngersdorf
St. Jakobus ❷ Hauptstraße 10, 50859 Köln-Widdersdorf, Tel. (02 21) 50 81 73, www.franziskus.koeln/kirchen/kirche-st-jakobus
Abtei Brauweiler ❸ mit Abteipark und Kirche St. Nikolaus, Ehrenfriedstraße 19, 50559 Pulheim-Brauweiler, Tel. (0 22 34) 9 85 40, www.abtei-brauweiler.eu
Stadtwald Köln ❺ 50935 Köln-Lindenthal

- 33 Kilometer
- 116 Höhenmeter
- 3 Stunden
- Rundtour

Unterwegs in Stommeln

Vom Parkplatz am **Rathaus in Pulheim** führt unsere Tour, zunächst die Straße querend (vom Bahnhof aus kommend links einbiegend), in Richtung Rathaus. Links der Route liegt in einer Innenhoflage der **Canishof** ①. Unter Einbeziehung der alten Bausubstanz des Canishofes entstand an dieser Stelle das neue Rathaus der Stadt Pulheim.

Wald, Wiesen, Wind

Rund um Pulheim

Nun geht es rechts ein Stück über die Alte Kölner Straße, dann links in die Johannisstraße, rechts auf die temporeduzierte Venloer Straße, nach wenigen Metern links in die Blumachergasse, später rechts in die Witschgasse, deren Verlauf wir bis in Höhe einer Bushaltestelle folgen, dort biegen wir links auf die Orrer Straße. Hier nutzen wir den straßenbegleitenden Radweg und wechseln in Höhe Querung Nordring die Fahrbahnseite. Am Ortsende stoßen wir auf einen Kreisel mit der Knoten-Nr. 33 und orientieren uns links.

*Der **Canishof,** das Wohnhaus des ehemaligen Hofes, stammt aus der zweiten Hälfte des vergangenen Jahrhunderts. Namensgebend für den Hof war der Kölner Bürger Johann Canus, der diesen im Jahr 1401 von einem Kölner Adeligen kaufte.*

Kurz darauf erreichen wir den kleinsten Ortsteil Pulheims. **Orr** besteht aus zwei großen Hofgütern, dem Heinenhof und dem Kriegshof. Außerdem gibt es noch das 1264 erstmals urkundlich erwähnte **Haus Orr** ② inmitten des Orrer Buschs, einem einst sumpfigen Auenwald in einer Altrheinrinne. Das frühere Rittergut wurde später zum Sommerwohnsitz einer wohlhabenden Kaufmannsfamilie umgebaut. Ein Teil des Gutes verfiel, lediglich das Herrenhaus wurde nach einigen Besitzerwechseln im Jahr 2010 aufwendig saniert und ist heute eine Kultur- und Eventlocation.

Hinter Haus Orr biegen wir links ab und erfreuen uns im Frühsommer an den leuchtend gelben Rapsfeldern des **Heinenhofs.** Am Ortsbeginn von **Sinnersdorf** orientieren wir uns an der blau-gelben Wegweisung der RegioGrün-Erlebnisroute Nord links und fahren über Rurstraße und Erftstraße. Dann queren wir rechts versetzt die Stommelner Straße, radeln weiter über die Wupperstraße und biegen am Wegende links in die Brüngesrather Straße. Anschließend geht es über die Umgehungsstraße hinweg, an Knoten-Nr. 31 in Höhe des **Kölner Randkanals** halten wir uns rechts, an Knoten-Nr. 32 links, und vorbei an **Gut Brüngesrath** erreichen wir den Wanderparkplatz. Hier fahren wir links, sofort wieder rechts und weiter auf dem Hauptwanderweg durch den **Chorbusch,** das flächenmäßig größte zusammenhängende Waldgebiet im linksrheinischen Köln. Er ist einer der wenigen erhaltenen Altwälder in der Kölner Region. Hier stehen fast alle einheimischen Gehölze. Heute kann der Wald auch als Friedwald genutzt werden (siehe Tour 8).

Nach 1 Kilometer durch den Wald biegen wir an Knoten-Nr. 27 links in Richtung Stommelerbusch ab. Über den Hackenbroicher Weg und mit einem kurzen Rechtsversatz an der Bushaltestelle erreichen wir unser nächstes Etappenziel. **Stommelerbusch** ist der jüngste Ortsteil im Stadtgebiet von Pulheim. Im 19. Jahrhundert wurde der Ort gegründet. Aus den umliegenden Wäldern wurden damals Holzkohle gebrannt sowie für den Eisenbahnbau Bahnschwellen gefertigt.

Canishof in Pulheim

Nachdem wir den Ort in westliche Richtung durchfahren haben, überqueren wir an einem Rastplatz den Hahnengraben, biegen dahinter links ein, und am Wegende radeln wir wieder links zurück zur Kreisstraße. Auf dieser fahren wir ein kurzes Stück rechts, um in Höhe des Wiesenhofes rechts auf den

Für die Seele

Felder und Koppeln, dichte Wälder, Hügel mit tollen Aussichten und Wegekreuze unter markanten Baumgruppen sowie einzelne Bachläufe lassen diese Tour nicht langweilig werden.

Wirtschaftsweg einzubiegen. Rechts der Route liegen mit Gut Velderhof und Gut Lärchenhof zwei Golfplätze, wo regelmäßig internationale Turniere stattfinden. Ansonsten prägen Ackerland und Koppeln das Landschaftsbild des Stommeler Bruchgebietes. Am Wegende folgen wir an der Bushaltestelle den Wegweisern links durch den Ortsteil **Stommeler Bruch,** später der Wegweisung „Pulheimer Herztor“ rechts. Nun geht es spürbar bergan. Oben halten wir uns links, und über die Straße Auf der Höhe der Wegweisung in Versetzen folgend, erreichen wir über die Brunostraße das Wahrzeichen der Region, die **Stommelner Windmühle 3.** Sie wurde erstmals 1503 errichtet. 1860 bis 1864 wurde die Mühle in der heute noch erhaltenen Form erbaut.

*Die Flügel der **Stommelner Windmühle** erinnern an Flugzeugtragflächen. Sie nutzten die Windkraft effizienter als herkömmliche Holzflügel. Ein Zug an einer Kette genügte, damit sich die zwei Elemente eines Flügels teilten oder zu einer Fläche verbanden.*

Wir folgen der Wegweisung rechts, über Mühlenweg, Nagelschmiedgasse, Weidtstraße. Links über die Brunostraße verlassen wir Stommeln, fahren geradeaus mitten durch Felder und vorbei an kurzen Waldstreifen. Hier können wir unsere Blicke in die Ferne schweifen lassen. Die in westlicher Richtung gelegenen qualmenden Schornsteine des Braunkohlekraftwerks Neurath sind Zeugnisse einer Energie-

Stommelner Mühle

nutzung, die in wohl absehbarer Zeit der Vergangenheit angehören wird. Am Wegekreuz unter einer Baumgruppe biegen wir links ab, überbrücken die Bahnlinie Köln-Mönchengladbach und biegen am Wegende rechts auf den Radweg der Venloer Straße ein. An Knoten-Nr. 26 folgen wir den Wegweisern links in Richtung **Ingendorf,** unterqueren die Bundesstraße B 59, fahren am Knoten 23 links und dann wieder rechts. Vorbei an Obstbäumen und -sträuchern, erreichen wir, links in die Kreisstraße einbiegend, Ingendorf. 1024 als Ingendorp erwähnt, wurde das Dorf in den Zwanziger- und Dreißigerjahren durch seine Kaltblut-Pferdezucht berühmt.

Wir verlassen das 80-Seelen-Örtchen in östliche Richtung, biegen am Ortsende rechts ab und folgen im weiteren Verlauf den Fahrradwegweisern, die uns nun durch recht hügeliges Gelände führen. Von den Höhen können wir weit in die landwirtschaftlich geprägte Umgebung blicken.

Später geht es auf dem Radweg ein Stück entlang der Stommelner Straße. Diesen müssen wir später, links die Fahrbahn vorsichtig überquerend, verlassen. Nun orientieren wir uns am Logo der Pulheimer Herztour und durchfahren nach einer Weile auf einem streckenweise sehr schmalen Pfad das verwunschen wirkende **Naturschutzgebiet Ommelstal.** Dichtes Gestrüpp sowie in den Weg hineinragende Zweige verstärken diesen Eindruck, den man in dieser sonst ausgeräumten Landschaft nicht erwarten würde. Anschließend geht es über einen zunächst grobschottrigen Weg weiter. Er endet auf einer Kreisstraße, die wir überqueren und auf dem linksseitigen Radweg rechts weiter bis nach Manstedten radeln.

*Das **Ommelstal** ist ein Naturschutzgebiet zwischen den Ortschaften Stommeln und Manstedten. 1968 wurde aus einer Brache ein Landschaftsschutzgebiet. Das Naturschutzgebiet bietet mittlerweile Lebensraum für Lerchen und Hasen sowie Wasservögel und Amphibien.*

Manstedten wurde erstmals 1028 in einem der Güterverzeichnisse genannt, mit denen Pfalzgraf Ezzo die Abtei Brauweiler ausgestattet hatte (siehe Tour 5). Der Ortskern besteht aus einer Gruppe alter, typisch rheinischer Vierkanthöfe, deren Prunkstück der an der Büsdorfer Straße gelegene **Domhof** ist. Wir durchfahren die gesamte Ortschaft und verlassen die Hauptstraße in Höhe des **Conradshofs** links; über den später autofreien Sintherner Weg geht es vorbei an Feldern und bunten Blumenwiesen sowie einem markanten Wegekreuz nach **Sinthern.** Dort biegen wir links in den Quellenweg ein und folgen im Zickzack der Wegweisung durch den Ort. Später geht es von der Martinsstraße rechts ab und weiter entlang des **Pulheimer Bachs.** Dieses circa 9 Kilometer lange Fließgewässer wirkt wie eine Oase inmitten der Lösslandschaft: Noch vor einigen Jahren in ein Betonkorsett eingezwängt, fließt es mittlerweile wieder frei als naturnah gestalteter Bach in östliche Richtung durch Pulheimer Gemeindegebiet. Infotafeln entlang der Route erläutern die jeweiligen Schutz- und Umbaumaßnahmen.

Den Abschnitt entlang des Pulheimer Bachs verlassen wir über einen Parkplatz, um kurz darauf rechts abbiegend in die Ortsmitte von **Geyen** zu gelangen. Später müssen wir links ein kurzes Stück die stark befahrene Ortsdurchfahrt nutzen, bevor es rechts durch die Von-Harff-Straße weitergeht. Wir passieren die **Alte Brauerei ④,** die einst ihr Wasser aus dem Pulheimer Bach bezog. Heute lädt das alte Gemäuer als **Geyener Brauhaus** mit Restaurant und Biergarten zu einer Einkehr ein.

Nun geht es weiter durch den historischen Ortskern vorbei an der Alten Schule, dann links durch die Burgstraße. Am Wegende biegen wir an der Ampel rechts auf den Radweg der Manstedtener Straße ein. Beim Ortsausgang liegt die **Junkerburg,** mittlerweile in Privatbesitz und nicht ohne Weiteres zugänglich. Gut erkennbar ist jedoch die Burgeinfahrt, die auf einer Brücke über den Wassergraben erreichbar ist. Der einstige Rittersitz stammt aus dem 14. Jahrhundert; nach einem Brand im 17. Jahrhundert wurde die Anlage in ihrer heutigen Form wieder aufgebaut.

Die letzten Kilometer führen selbsterklärend, flankiert von neuen Gewerbegebieten, entlang des Radwegs der Kreisstraße über die B 59 hinweg, um zwei Kreisel herum folgen wir dem weiteren Verlauf des Radweges bis **Pulheim.** Kurz vor Unterquerung der Bahnbrücke müssen wir uns entscheiden: Wer mit der Bahn abreisen will, fährt an der Ampel links in die Geyener Straße, dann sofort rechts auf den Bahnsteig zu. Man kann die Wartezeit mit einem Abstecher in die Kulturmeile des einstigen **Walzwerks** 5 sowie mit einer Einkehr in der dortigen **Weingalerie** 6 verbinden.

Wer sein Auto am Rathaus abgestellt hat, fährt weiter geradeaus unter der Unterführung hindurch, an der nächsten Kreuzung rechts auf den Parkplatz zu. In Höhe des **Pulheimer Rathauses** in Richtung Innenstadt laden ebenso zahlreiche Einkehrmöglichkeiten zu einer Stärkung nach unserer etappenweise recht hügeligen Tour ein.

*Das **alte Walzwerk** ist heute eine Kultur- und Eventlocation. Wo früher Eisen gewalzt wurde, haben sich zahlreiche Unternehmen, Institutionen und Kultureinrichtungen angesiedelt. Die Außenterrasse der **Weingalerie** lädt zu einem zünftigen Tourenausklang ein.*

Zum Wohl im Walzwerk

Pulheimer Bach

477
Dormagen
Hackenbroich
57
Hackhausen
Chorbusch
Stommelner Bach
Hahnengraben
Pletschbach
Stommelerbusch
Hahnenstraße
Hasselrather See
Bruchstraße
L 183
Sinnersdorf
Nettegasse
L 93
Venloer Straße
3
Stommeln
L 93
Rheidter Weg
Hauptstraße
Kölner Randkanal
2
Ingendorfer Straße
Ingendorf
6
5
Pulheim
Orrer Straße
1
L 93
Fliestedener Graben
NSG Ommelstal
59
Bergheimer Straße
P
Fliesteden
K 25
Pulheimer See
Manstedten
Bonnstraße
L 187
4
Geyen
Sinthern
Bergheim
Widdersdorf
Glessen
Brauweiler
Köln

Alles auf einen Blick

WIE & WANN:
Mittelschwere, recht hügelige Strecke; unbefestigte Wegabschnitte im Naturschutzgebiet Ommelstal und entlang des Pulheimer Bachs; größtenteils autofreie bzw. autoarme Wegführung. Die Tour entspricht in weiten Teilen der Pulheimer Herztour und verläuft abschnittsweise auf dem landesweiten Radverkehrsnetz. Beste Radtourzeit ist März bis Oktober. Mögliche Anschlusstouren: Tour 8 und Tour 12.

Entspannung ★★★☆☆
Genuss ★★★☆☆
Romantik ★★★☆☆

HIN & WEG:
Auto: Parkplatz am Rathaus Pulheim (GPS: 50.99682, 6.79941)
ÖPNV: RE 8, RB 27 bis Pulheim

ESSEN & ENTSPANNEN:
Geyener Brauhaus ❹ Von-Harff-Straße 5, 50259 Pulheim-Geyen, Tel. (0 22 38) 4 78 10 32, www.geyenerbrauhaus
Restaurant Weingalerie ❻ Im Walzwerk 21, Rommerskirchener Straße, 50259 Pulheim, Tel. (0 22 38) 47 51 45, www.weingalerie-pulheim.de

ENTDECKEN & ERLEBEN:
Canishof ❶ Alte Kölner Straße 26, 50259 Pulheim
Rittergut Haus Orr ❷ Orrer Straße 10, 50259 Pulheim-Orr, Tel. (0 22 32) 47 51 02, www.rittergut-orr.de
Windmühle Stommeln ❸ Mühlenweg 13, 50259 Pulheim-Stommeln, Tel. (01 60) 8 01 57 56
Walzwerk Pulheim ❺ Rommerskirchener Straße, 50259 Pulheim

Roter Teppich von Porz
21 Kilometer
47 Höhenmeter
2 Stunden
Rundtour

Geprägt ist diese vor allem für Kinder und Einsteiger geeignete Rundtour von Ackerflächen, breiten Feldwegen, Wiesen sowie zahlreichen Feldhecken. Wegekreuze und Einzelbäume bilden Landmarken in der eher ausgeräumten Landschaft und helfen bei der Orientierung. Auf halber Strecke laden das Frei-

Die Berge im Blick

Weites Land im Porzer Süden

zeitgelände Haus Rott und der Rotter See zu einer Rast ein.

Von der Endhaltestelle der Stadtbahn in **Zündorf** queren wir zunächst die Wahner Straße, fahren vorbei an Spargel- und Gemüsefeldern, am Wegende links und weiter über einen breiten Feldweg. Hier hat man unbehelligt vom Autoverkehr freie Fahrt. Wir sehen auf der Asphaltdecke die Markierung als Fahrradstraße und folgen deren Verlauf, vorbei an den Wiesen der Golfanlage, passieren eine Baum- und Strauchallee, die sich wie eine Galerie über die Route beugt und so an heißen Tagen Schatten spendet, passieren das Clubhaus und erreichen nach Querung einer Kreisstraße Libur.

Wir befinden uns nun in Kölns südlichstem Stadtteil. Die erste urkundliche Erwähnung von **Libur** findet sich im Jahr 1165. Der Ortsname „Libur" stammt vom altdeutschen Begriff „Lebure" und bedeutet „Haus am Grabhügel". Vor circa 150 Jahren zählte Libur etwa 250 Seelen, heute sind es weit über Tausend. Trotz fehlender Versorgungsmöglichkeiten ist Libur heute ein beliebter und gefragter Wohnort.

*Das 1975 zu Köln eingemeindete **Porz am Rhein** hat bis heute die Zwangsehe mit Köln nicht so recht verwunden. Zählte Porz noch zu Beginn des 19. Jh. ganze 170 Seelen, so wuchs die Bevölkerung bis 1951 auf 30.000 Einwohner an; es erhielt eigene Stadtrechte.*

Unverhofftes Glück

Ein umfangreiches Angebot regionaler Obst- und Gemüsesorten findet sich auf dem ehemaligen ***Klostergut Stockem.*** *Kulinarisch verwöhnen lassen kann man sich dort im Frühjahr zum Spargelfest sowie im Herbst beim Kartoffelfest.*

Eine der heiligen Margareta geweihte Kapelle wurde 1582 erstmals erwähnt. Die gleichnamige **Backsteinbasilika St. Margaretha** ❶ geht auf eine Stiftung wohlhabender Bauern und des damaligen Pfarrers Huthmacher zurück; sie wurde 1911 fertiggestellt. Hinter der Kirche geht es links durch die Freiheit, an der Friedhofskapelle sofort wieder rechts in den Stockumer Weg.

Der weitere Verlauf ist geprägt durch eine Agrarlandschaft, in der einige Naturdenkmäler, wie Einzelbäume, Baumgruppen mit Wegekreuzen sowie Feldhecken, optische und naturräumliche Kontrapunkte setzen. Gerade Feldhecken dienen in solch ausgeräumten Landschaften nicht nur als Windschutz, sondern auch als Rückzugsgebiete für Tiere, wie z.B. Fasane und Feldmäuse sowie zahlreiche Insektenarten.

Im Weiler **Stockem** müssen wir erneut eine Kreisstraße überqueren; wer möchte, kann im links der

Route liegenden Hofmarkt „Himmel & Erde" unter der Woche regionale Produkte und Lebensmittel direkt vom Erzeuger probieren und erwerben.

Der weitere Streckenverlauf ist selbsterklärend. In Höhe eines Wegekreuzes unter drei Linden bzw. am Stromhäuschen kurz vor **Kriegsdorf** ändern wir die

Für die Seele

Auf autofreien Wegen durchfahren wir einen Galeriewald und passieren Feldhecken sowie Wegekreuze – immer mit Blick über die weiten Felder im Kölner Süden.

Fahrtrichtung und halten uns links in Richtung Sieglar. Die dortige Fahrradwegweisung führt uns später in Höhe des Parkplatzes links zum **Freizeitgelände Haus Rott ❷.** Vorgelagert ist der **Rotter See,** der im Sommer zu einer Badepause einlädt.

Hinter der Liegewiese in Höhe des aus Steinen gebauten Spielplatzes des Freizeitgeländes mit den Rutschbahnen geht die Route rechts weiter; wer mit Kindern unterwegs ist, wird hier sicher eine längere Pause einlegen. Der Weg schwenkt wenig später nach links und führt im Rechtsbogen über die Autobahn. Im weiteren Verlauf geht es durch ein Gewerbegebiet; hier folgen wir am besten den Hinweisschildern der Inliner-Route in Richtung Spich. Hinter der Bahnunterführung links erreichen wir über die Adenauerstraße den Troisdorfer Ortsteil **Spich.** Wir wechseln in Höhe der kleinen Parkanlage die Richtung und fahren in einem Rechtsversatz über die Straße Auf der Bitz weiter, kurz danach auf einen Rad-/Gehweg, überqueren die Bundesstraße B 8 in der Ortsmitte, fahren vorbei an der Einkaufszeile, später über den Dornröschenweg bis zum Spielplatz in Höhe der Waldstraße.

*Die ursprüngliche Besiedlung von **Haus Rott** durch die Merowinger geht bis ins 7. Jh. zurück. Steinzeitfunde, ein großes fränkisches Gräberfeld sowie mittelalterliche Befestigungsanlagen zeugen von der einstigen Besiedlung.*

Im Porzer Süden

Wer hier in Spich eine Rast einlegen und einkehren möchte, kann links einbiegen, ein Stück die Waldstraße entlangfahren und erreicht nach kurzer Zeit das **Restaurant Olive im Waldschlösschen ❸,** welches auf der Gartenterrasse unter Bäumen mit griechischen Spezialitäten aufwartet.

Weiter geht es über die Waldstraße und Am Kolberg, links unserer Route liegt eine Parkanlage mit dem einstigen Adelssitz **Haus Broich ❹.** Dieses im Renaissance-Stil umgebaute Herrenhaus befindet sich in Privatbesitz, man kann es vom nahe gelegenen Park aus betrachten. Kurz danach stoßen wir auf die Knoten-Nr. 23, unterqueren den Linder Mauspfad und verbleiben auf dessen Radweg.

*Der Adelssitz **Haus Broich** entstammt dem Mittelalter. Sein Name verweist auf eine Sumpf-, Moor- oder Bruchgegend, Spich bezeichnet ein stehendes Wasser von Altarmen des Rheins. Erst nach der Trockenlegung dieses Gebietes konnte eine Ansiedlung erfolgen.*

Mit Erreichen der Kölner Stadtgrenze in **Lind** erkennen wir den Nutzungswandel der letzten Jahre: So entstand auf dem ehemaligen Kasernengelände der belgischen Streitkräfte, die über ein halbes Jahrhundert in unmittelbarer Nähe des Köln-Bonner Flughafens stationiert waren, ein neues Gewerbegebiet. Wir verlassen in Höhe eines Metallbauunternehmens links den Radweg und fahren um dessen Gelände herum. An der kommenden Kreuzung, nun auf Feldwegen, halten wir uns rechts und passieren ein weiteres naturkundliches Kleinod, den **Linder Bruch.** Dieses Bruchgebiet entstand mit der Verlandung eines Rheinaltarms. Durch das aus der höher liegenden Wahner Heide (siehe Tour 13) einfließende Wasser wurden Tone im Untergrund gebildet, sodass dieses Gebiet noch heute versumpft ist.

Die Route verläuft weiter entlang des Bruchgebiets bis zum bebauten Ortsteil von Lind, den wir anschließend, links auf die Straße Viehtrift einbiegend, durchfahren. Wir überqueren erneut die B 8, fahren an der kommenden Gabelung geradeaus, unterqueren die Bahngleise und erreichen hinter der Biogasanlage die Margaretenstraße, die wir an der nächsten Kreuzung in Höhe des Stromhäuschens rechts verlassen.

Kurz darauf überqueren wir die Liburer Landstraße und fahren in der Folge immer in Fahrtrichtung geradeaus über die Houdainer Straße, vorbei an Wegkreuzungen und Einzelbäumen, nach **Zündorf.** Am Ortsbeginn radeln wir rechts über den Gartenweg, dann geradeaus über die Wahner Straße zur **Haltestelle Zündorf,** dem Ausgangspunkt unserer Tour.

Wer die Tour noch ausklingen lassen möchte, dem sei ein Besuch von **Daisys Tearoom and Garden** **5** nahe der Freizeitanlage Zündorfer Groov empfohlen. „Very british“ erwarten die Gäste neben dem Five o'Clock Tea und Scones auch andere Leckereien. Für die Hin- und Rückfahrt zur **Zündorfer Groov** folgt man am besten den (veralteten) grün-weißen Wegweisern durch die Ortslage von Zündorf.

Hauptsache, es rollt

Majestätisch grün

Urbach
Grengel
Rhein
Elsdorf
Hauptstraße
Zündorf
5
H
P
Schmittgasse
Wahner Straße
Houdainer Straße
8
Wahn
Wahnheide
Paulsmaar
Frankfurter Straße
Linder Mauspfad
Lind
Urbanusstraße
Liburer Landstraße
Margaretenstraße
Libur
1
Weilerhofer See
Libur See
Storchensee
Schwalbensee
Spicher See
Schilfsee
4
3
Hauptstraße
Spic
Lindholzer Weg
Stockem
L 269
59
Stockemer See
Bonner Straße
Niederkassel
Uckendorf
Kerpener Hof
2
Rotter See
Kriegsdorf
Rotter See
Eschmarer See
Sieglar
Troisdc

Alles auf einen Blick

WIE & WANN:
Leichte, flache, größtenteils asphaltierte Strecke. Einige Ortsdurchfahrten mit Kfz-Verkehr sind zu meistern. Die Tour ist lediglich auf kurzen Abschnitten mit der Wegweisung des landesweiten Radverkehrsnetzes ausgeschildert. In der Ortslage Spich folgt man ab dem Gewerbegebiet der Inline-Skater-Route. Beste Radtourzeit ist März bis Oktober. Mögliche Anschlusstour: Tour 11.

Entspannung ★★★★☆
Genuss ★★★☆☆
Romantik ★★★☆☆

HIN & WEG:
Auto: Park-&-Ride-Haltestelle Zündorf (GPS: 50.86747, 7.05136)
ÖPNV: Stadtbahn 7 bis Zündorf

ESSEN & ENTSPANNEN:
Olive im Waldschlösschen ❸ Waldstraße 23, 53842 Troisdorf-Spich, Tel. (0 22 41) 1 62 74 41, https://restaurant-olive-im-waldschloesschen-troisdorf.eatbu.com
Daisys Tearoom and Garden ❺ Gütergasse 21, 51147 Köln-Porz/Zündorf, Tel. (0 22 03) 8 06 78 34, www.daisys-cafe.de

ENTDECKEN & ERLEBEN:
St. Margaretha ❶ Pastor-Huthmacher-Straße 9, 51147 Köln-Porz/Libur
Freizeitgelände Haus Rott ❷ Uckendorfer Straße, 53844 Troisdorf-Spich
Haus Broich ❹ Burgstraße, 53844 Troisdorf-Spich, nur von außen zu besichtigen

Erdbeerfelder bei Nievenheim

- 36 Kilometer
- 36 Höhenmeter
- 3 Stunden
- Rundtour

Los geht's am S-Bahnhof in **Köln-Worringen,** wo wir am Bahnhofsvorplatz rechts auf den Radweg links der Straße einbiegen. An der kommenden Gabelung fahren wir rechts durch die Unterführung und folgen später der Wegweisung links durch die Quettinghofstraße. Deren Hauptverlauf mitten durch den Doppelort **Roggendorf-**

Rheinbetten

Rund um Dormagen

Thenhoven macht später einen Rechtsknick, dem wir folgen. Anschließend radeln wir über die Sinnersdorfer Straße hinweg zum **Gilleshof.** In Höhe des Stromhäuschens geht es links weiter, dann der Wegweisung folgend durch die Unterführung, dahinter weiter in Fahrtrichtung vorbei an einem Reiterhof, dahinter im Rechtsbogen und links über die Autobahn hinweg. An der nächsten Gabelung fahren wir geradeaus weiter. In der Folge begleiten uns im Frühsommer gelbe Rapsfelder, an deren intensiver Farbe wir uns erfreuen können. Dabei orientieren wir uns an den Wegweisern, bis wir später links auf den asphaltierten Further Weg einbiegen.

Kurz danach queren wir den Kölner Randkanal. Dieser etwa 20 Kilometer lange, kerbförmige Kanal, der bei Worringen in den Rhein mündet, wurde in den 1950er-Jahren gebaut und dient neben der Abführung von Grundwasser aus den benachbarten Braunkohletagebaugebieten (siehe Touren 6 und 12) zur Entwässerung sowie bei Hochwasserereignissen einem kontrollierten Abfluss.

Wir setzen unsere Tour entlang des Further Wegs fort. Ab dem Wanderparkplatz am Waldrand folgen wir den Wegweisern rechts und sind kurz danach auf dem Hauptweg inmitten des **Chorbuschs** 1 (siehe Tour 6).

Über den gut befestigten, in zahlreichen Bögen verlaufenden Waldweg geht es später (Knoten-Nr. 27) über eine Straße hinweg, dahinter weiter durch den vor allem an warmen Sommertagen Schatten spendenden Mischwald. Am Wegende überqueren wir den dortigen Parkplatz und folgen den Wegweisern links mitten durch die **Gärtnersiedlung Blechhof.** Hier werden unter anderem Schnittblumen in Treibhauskultur herangezogen, und je nach Jahreszeit bezaubert der aromatische Duft der farbenprächtigen Rosen unsere Sinne.

Am Ende der Siedlung geht es wieder ein Stück durch den Wald, an dessen Ende links neben der Landstraße entlang weiter, am nächsten Abzweig rechts und in Höhe der Bushaltestelle biegen wir links in das Klostergelände ein. Wer vorher einkehren

Kloster Knechtsteden

möchte, kann dies im vorgelagerten **Klosterhof** ❷ bei Knechtstedener Kellerbier und einer zünftigen Brotzeit tun. Die ehemalige Prämonstratenserabtei aus dem frühen 12. Jahrhundert liegt auf einer Anhöhe inmitten eines Niederwaldes, umgeben von Obstbäumen und Wiesen.

Für die Seele

Wir spüren die Atmosphäre des Spiritanerordens inmitten einer niederrheinischen Bruchwaldlandschaft.

Wer sich hier im **Klostergelände** ❸ aufhält, ahnt wohl kaum, wie unwirtlich diese Gegend einst gewesen sein muss. Alte Flussrinnen des Rheins durchzogen das Gelände, und aus der Tiefe stieg so viel Grundwasser nach oben, dass teils offene Wasserflächen, überwiegend aber Sümpfe entstanden. Bei fortschreitender Verlandung entwickelten sich Auenwälder oder Wiesenmoore, oft reihten sich verlandete Gewässer mit Röhrichten aneinander. Daher waren die damaligen reichen Grundherren gerne bereit, diesen Landstrich ab dem 12. Jahrhundert einem neu gegründeten Mönchsorden zu überlassen. So konnten 1138 die damaligen Prämonstratensermönche den Grundstein für die heutige, überaus sehenswerte Kirche legen. Später legte man die feuchten Niederungen trocken, hierbei wurde der Sand aus den damals noch zahlreichen eiszeitlichen Dünen in die Rinnen und Mulden gekippt.

Die Klosteranlage vermittelt vor allem unter der Woche Ruhe und Besinnlichkeit. Die Missionsgemeinschaft der Spiritaner engagiert sich bereits seit über 300 Jahren für die Ärmsten der Armen – weltweit in über 50 Ländern.

***Die Klosterkirche Knechtsteden** ist eine der letzten Doppelchoranlagen des Mittelalters mit sehenswerten Wand- und Gewölbemalereien. Angegliedert sind unter anderem eine Ausbildungsstätte der Spiritaner, Werkstätten, Galerien sowie ein Gymnasium.*

Niederrheinische Impressionen

Wir verlassen nach einer ausgedehnten Pause den Ort und nutzen die nördliche Ausfahrt, biegen dahinter links in den Waldweg ein und fahren ab der nächsten Gabelung wieder rechts weiter durch den **Knechtstedener Busch,** einen Niederwald. Hier floss einst ein Arm des Rheins entlang, heute steht diese Fläche nicht zuletzt wegen ihrer Ringelnatter- und Waldspechtpopulationen unter Naturschutz.

Entlang ausgedehnter landwirtschaftlicher Anbaufläche, vor allem von Spargel und Erdbeeren, fahren wir weiter bis **Ückerath.** Und wer im Frühling oder Frühsommer unterwegs ist, findet in den regionalen Hofläden genügend Möglichkeiten, sich mit Spargel oder Erdbeeren einzudecken.

An Knoten-Nr. 52 folgen wir der Wegweisung rechts aus dem Ort hinaus, an der übernächsten Kreuzung (Knoten-Nr. 51) links und radeln nun in Richtung **Nievenheim.** Am Ortseingang folgen wir dem weiteren Verlauf der Wegweisung zunächst rechts über die Kroschstraße und radeln weiter über verkehrsberuhigte Anliegerstraßen und mit mehreren Versetzen entlang des Ortsrandes; später biegen wir links auf den Radweg der Landstraße L 36 ein. Am Südrand des Ortes fahren wir am großen Kreisel in Fahrtrichtung geradeaus weiter und folgen der Wegweisung bis zu Knoten-Nr. 39. Wer jetzt keine Puste mehr hat, kann hier links der Wegweisung zur S-Bahnstation in Nievenheim folgen, ansonsten geht es rechts weiter. Wir erreichen eine weitere Landstraße, auf deren Radweg wir links einbiegen, über eine Bahnüberführung hinwegfahren und dem weiteren Verlauf der Straße folgen. Später müssen wir vorsichtig eine stark befahrene Bundesstraße queren, nun geht es durch das **Naturschutzgebiet Wahler Berg, Hannepützheide und Martinsee** nach **Zons.** Auf diesem Schutzgebiet, einer Binnendüne mit Silbergrasfluren und Heidevegetation, können wir die Seele baumeln lassen und den

*1372 verlegte der Erzbischof den Zoll von Neuss nach **Zons** und verlieh kurz darauf dem Ort Stadtrechte. Die Festungsmauer lag direkt am Rhein, sodass Zons eine von Wasser umgebene Feste war. Brände zerstörten fast alle mittelalterlichen Bürgerbauten.*

Zugang zur Feste Zons

Juddeturm in Zons

Schafen zusehen, wie sie die Verbuschung verhindern.

In den Außenbereichen von Zons angekommen, biegen wir rechts in die Lessingstraße ein, an deren Ende halten wir uns links. Am Schweinebrunnen geht es geradeaus weiter, und wir erreichen am Ende der Schlossstraße **Schloss Friedeström** ④ der ehemaligen **Feste Zons.** Sie ist die wohl besterhaltene mittelalterliche Stadtfestung im Rheinland. In jedem Fall lohnt sich eine längere Pause an diesem geschichtsträchtigen Ort, beispielsweise im **Gasthof Zur Post** ⑤ mit mediterranem Flair und Außenterrasse.

Wir schieben unsere Fahrräder durch die Rheinstraße, verlassen durch das Rheintor die Feste und orientieren uns in Höhe des Parkplatzes rechts, um die Tour entlang des Rheindamms fortzusetzen. Ein letzter Blick zurück auf das mittelalterliche Ortsbild zeigt uns noch eine alte Windmühle sowie einen gut erhaltenen Teil der Stadtmauer. Danach gleiten wir mitten durch die Auenlandschaft mit ihren markanten Kopfweiden, Auenwiesen sowie den zahlreichen Pappeln. In Höhe des Abzweigs zum Fähranleger **Piwipp** müssen wir den Deich verlassen und fahren in der Folge auf dessen Flussseite weiter, später wieder auf den Deich hinauf bis zur großen Einfahrt an der Bundesstraße B 9 zu einem Chemiewerksgelände. Die über die Bundesstraße B 9 zum Hafen verlaufenden Pipelines wirken wenig einladend, sodass wir an der Ampel zügig die B 9 überqueren und links einbiegen. Über den recht breiten Radweg geht es weiter in den nördlichen Kölner Stadtteil **Worringen.** Dort verlassen wir die B 9 im Linksknick über Lievergesberg geradeaus und fahren am Wegende zunächst links. Dann folgen wir dem Rechtsknick der Hackenbroicher Straße in Höhe der Kirche **St. Pankratius** wieder links und biegen entgegen der Wegweisung sofort wieder rechts in den Schmalen Wall ein. Ab hier geht es über einige Wege hinweg immer geradeaus, und schließlich rechts auf den Senfweg.

*Bei der **Schlacht von Worringen** im Jahr 1288 besiegte ein Fürstenbündnis den Kölner Erzbischof. Dieser wurde aus Köln vertrieben, die Kölner erlangten städtische Freiheit, erzbischöfliche Residenzstadt wurde Bonn, Düsseldorf erhielt das Stadtrecht.*

Im **Naturschutzgebiet Worringer Bruch** finden seltene Vogel-, Insekten- und Pflanzenarten wertvolle Rückzugsräume. Totholzbestände als Folge starker Schwankungen des Grundwasserspiegels bieten Pirol, Nachtigall und Kleinspecht neuen Lebensraum.

Nun sehen wir in Form eines riesigen Hufeisens eine bewaldete Senke vor uns, deren Verlauf den verlandeten Altarm des Rheins nachzeichnet. Die Pappelbestände sind Teil des **Worringer Bruchs** ⑥, denn schon zu Römerzeiten floss der Rhein nicht mehr durch den hiesigen Altarm, sondern weiter östlich. Vom tiefsten Punkt des Kölner Stadtgebiets (38 Meter über NN) blicken wir rechts und links auf die Wasserflächen des einstigen Altarms und bekommen eine Vorstellung vom damaligen Verlauf des noch nicht begradigten Rheins. Denn gegen Ende der letzten Kaltzeit vor etwa 13.000 Jahren hat sich der Rhein tief eingeschnitten und ein etwa 3 Kilometer breites Tal geschaffen. Nach erneut kälteren Perioden ließ die Transportkraft des Rheins nach, und er füllte mit dem mitgeführten Sand und Schotter sein eigenes Flussbett auf. Auf dieser Niederungsfläche, auf der heute Worringen liegt, floss der Rhein bei flachem Gefälle in Mäanderbögen, und so entstand damals die große Schleife, in der das Bruchgebiet liegt. Nachdem wieder eine

Rapsfeld bei Worringen

wärmere Klimazeit angebrochen war (vor circa 8.000 Jahren), tiefte sich der wasserreiche Rhein wieder ein und schnitt dabei die Worringer Schlinge ab. Diese wurde zu einem Altwasserarm, in dem sich Niedermoore und somit auch Torfe entwickelten.

Die hiesigen Pappelbestände sollten nach früheren Planungen gefällt werden, und aus der Sumpflandschaft sollte ein Erholungspark der nahe gelegenen Trabantenstadt Chorweiler entstehen. Diese Pläne konnten erfolgreich gestoppt werden, sodass sich Naturliebhabern Flora und Fauna einer ursprünglichen Flusslandschaft mit all ihren Facetten erschließen.

Wir verlassen kurz darauf das Bruchwaldgebiet, biegen an dessen Ende rechts auf den Radweg neben der Bruchstraße ein, passieren den Intze-Turm, einen ehemaligen Wasserturm, benannt nach dem damaligen Wasserbauingenieur, und erreichen kurz danach den Bahnhofsplatz des **S-Bahnhofs Köln-Worringen** (siehe Tour 12), wo unsere erlebnisreiche Rundtour endet.

Worringer Bruch

Zonser Grind
Urdenbacher Käm
Stürzelberg
9
Delrath
Zons
Sonnenstraße
Nievenheimer Straße
5
4
Rheinaue Zons-Rheinfe und Altrheinschlin Zons
L 380
Bismarckstraße
Ernteweg
NSG Wahler Berg, Hannepützheide und Martinsee
Nievenheim
Kohnacker
K 12
Ückerath
Neusser Straße
Straberger Weg
Straberg-Nievenheimer See
Horrem
Rheinfeld
Straberg
Horremer Straße
Dormagen
Balgheimer See
L 280
Waldnaturschutzgebiet Knechtsteden
Rheinufer Monheim
Monheim am Rhein
L 36
3
Klosterstraße
Delhoven
Tannenbusch
57
2
Neusser Landstraße
L 36
K 36
Rhein
Sandweg
Hackenbroich
Worringen
9
Senfweg
Chorbusch
Hackhausen
K 18
1
Further Weg
Worringer Bruch
6
Stommelerbusch
Lehmbergweg
Roggendorf/ Thenhoven
K 9
L 183
Stommeln
L 93
Sinnersdorf
Pulheim
Esch
Köln

Alles auf einen Blick

WIE & WANN:
Leichte Strecke ohne nennenswerte Steigungen. Überwiegend autofreie Route mit zwei Ortsdurchfahrten in Worringen und Zons; einige unbefestigte Abschnitte. Die Tour ist ausgeschildert mit Fahrradwegweisern nach der landesweiten Radwegweisung NRW sowie den Knoten-Nummern der Radregion Rheinland. Beste Radtourzeit ist März bis Oktober. Mögliche Anschlusstour: Tour 6.

Entspannung ✱✱✱✱✱
Genuss ✱✱✱✱✱
Romantik ✱✱✱✱✱

HIN & WEG:
Auto: Park-&-Ride-Parkplatz, S-Bahnhof Köln-Worringen (GPS: 51.05138, 6.85279)
ÖPNV: S 6 und S 11 bis Köln-Worringen

ESSEN & ENTSPANNEN:
Klosterhof Knechtsteden ❷ Klosterallee 1, 41540 Dormagen, Tel. (0 21 33) 8 07 45, www.klosterhof-knechtsteden.de
Gasthof Zur Post ❺ Schlossstraße 52, 41541 Dormagen-Zons, Tel. (0 21 33) 9 36 66 41, www.mediterran-zurpost.de

ENTDECKEN & ERLEBEN:
Chorbusch ❶
Kloster Knechtsteden ❸ 41540 Dormagen, Tel. (0 21 33) 86 90, www.kloster-knechtsteden.de
Schloss Friedeström ❹ Kreismuseum, Schlossstraße 1, 41541 Dormagen-Zons, Tel. (0 21 33) 5 30 20, www.rhein-kreis-neuss.de/de/freizeit-kultur/kreismuseum-zons
Worringer Bruch ❻ Bruchstraße, 50769 Köln-Worringen

38 Kilometer
170 Höhenmeter
4 Stunden
Strecke (hin und zurück)
Neuland-Park in bunt

Startpunkt der Tour entlang der Dhünn ist der **Neuland-Park.** Wer mit dem Auto anreist, stellt dies am besten auf dem Parkplatz des Neuland-Parks in Höhe der Kirche St. Antonius ab, nutzt den Zuweg über die Niederfeldstraße und erreicht nach wenigen Hundert Metern den Kreisel, quert dort die Rheinallee und steht nach wenigen Metern vor der Besucherterrasse der **„Wacht am Rhein“.**

Es ist kaum zu glauben, dass sich auf diesem Gelände einst eine Mülldeponie des Bayer-Werks und der Stadt Leverkusen befand. Das gestiegene Umweltbewusstsein sowie drohende Gefahren durch eine Grundwasserbelastung seit den 1980er-Jahren führten jedoch zu einer Neubewertung der Flächennutzung.

Chemie und Wasser

Von Leverkusen ins Bergische Land

Nach Abschluss der Sanierungsarbeiten um die Jahrtausendwende wurde das Gelände sukzessive als Parkanlage umgestaltet und 2005 die Landesgartenschau eröffnet. Der Park verschafft den Besuchern einen direkten Zugang zum Rhein.

Von der „Wacht am Rhein“ folgen wir dem Routenlogo des Dhünn-Radwegs und fahren in einem ausladenden Rechtsbogen über die elegant gewundene Neulandpark-Brücke hinweg quer durch den auf einer ehemaligen Mülldeponie entstandenen **Neuland-Park 1.** Das Besondere an diesem zur Landesgartenschau 2005 eröffneten Park ist die Gestaltung der Wege, Brücken und Flächen wie Themengärten, Wiesenbereiche, Spielplätze und Wasseranlagen. Hier schlagen vor allem Kin-

Neuland-Park mit Schwung

Bei der ***Renaturierung der Dhünn*** *war die Erhaltung der flusstypischen Flora und Fauna oberstes Ziel, insbesondere der ökologisch höchst wertvollen und sensiblen Auenbereiche. Eine naturnähere Gestaltung charakterisiert den heutigen Flussverlauf.*

derherzen höher, spätestens auf dem Rückweg lohnt sich daher eine längere Pause, um beispielsweise durch ein Oktoskop zu schauen oder einen Wasservulkan zu erklimmen. Am anderen Ende des Parks biegen wir links ab, fahren über die Dhünn und in Höhe der über der Route liegenden Autobahn rechts weiter flussaufwärts über einen großzügig angelegten Radweg. Links von uns liegt ein Stück der renaturierten Dhünnaue.

Wir unterqueren die Bahnlinie, orientieren uns dahinter rechts (Knoten-Nr. 20), fahren ein kurzes Stück gen Süden und biegen, wenn wir wieder die Dhünn erreichen, links (Knoten-Nr. 21) auf eine Deichallee ein.

Wer mit der Bahn anreist, folgt ab dem **Bahnhof Leverkusen Mitte** den Wegweisern und fährt vorbei an Busbahnhof und Forum, unter der Bahnlinie hinweg, dahinter links und weiter bis zur Knoten-Nr. 21. Dort geht es rechts auf die Deichallee.

Ab hier ist wieder das Flusskorsett zu sehen, mit dem die Dhünn, eingeengt durch die dichte Bebauung, die Stadt durchquert. Kurz darauf sehen wir links der Route ein großes Stadion, die **BayArena** des lokalen Fußballvereins von Bayer04 Leverkusen. Auf diesem etwa 18 Hektar großen Freizeit- und Sportgelände gibt es außerdem eine Eis- und Skaterhalle sowie ein Freizeitbad.

Die Route verläuft in der Folge autofrei zunächst unter der Bismarckstraße, danach unter einer Autobahn hindurch, vorbei an Schrebergärten und unter einer Bahnlinie hinweg. Später unterqueren wir nochmals eine Bahnlinie, dahinter biegen wir sofort rechts ein. Nun geht es weiter parallel zur Bahn, später schwenkt der Routenverlauf nach links, und wir erreichen erneut die Dhünn. Ab der Wegkreuzung in

Für die Seele

Entlang der Dhünn erkunden wir flussaufwärts das Bergische Land und lassen uns flussabwärts zurück zum Rhein treiben.

Höhe der Gustav-Heinemann-Straße folgen wir dem Hauptverlauf der Route. Wer möchte, kann hier halb links einen Abstecher zum **Schloss Morsbroich** 2 machen. 1220 erstmals erwähnt, befand sich hier im Mittelalter eine der Burgen der Bergischen Grafen. Nach wechselvoller Geschichte und einigen Umbauten übernahm die Stadt Leverkusen das Anwesen. Seit Mitte der 1980er-Jahre ist hier das städtische Museum mit Sammlungen zeitgenössischer Kunst untergebracht.

__Schloss Morsbroich__ ist Leverkusens Top-Adresse für Konzerte und überregionale Veranstaltungen – auf der Freilichtbühne oder im Spiegelsaal. Der prächtige Park lädt zum Flanieren ein. Nebenan, auf dem __Obsthof Morsbroich,__ kann man sein Obst selbst ernten.

Es bietet sich an, diesen Abstecher auf der Rückfahrt einzubauen, denn entlang der Dhünn warten bereits die nächsten Highlights auf ihre Erkundung. Nach Unterquerung einer weiteren Straße geht es durch die Dhünnauen weiter. Entlang der ehemaligen Auermühle ist ein zurückgebautes Wehr zu erkennen.

Nun ist es nicht mehr weit bis zur **Villa Wuppermann,** die rechts der Route in Sichtweite auf der anderen Flussseite liegt. Im 19. Jahrhundert als Sommerresidenz des Mülheimer Fabrikanten Andreae (siehe Tour 10) errichtet, diente das Grundstück später der Stahlfabrikanten-Familie Wuppermann als Stammsitz. Heute beherbergt es ein städtisches Bürgerzentrum.

*Das **Industriemuseum** ist eingebettet in ein Ensemble von Fabrikgebäuden, Arbeiterwohnhäusern, Fabrikantenvillen, Stauteich und ehemaliger Wehranlage. Mit seinen intakten Anlagen zeigt es die Arbeits- und Lebensweise in den Anfängen des 20. Jahrhunderts.*

In Höhe der Villa endet der Weg an der Berliner Straße. Auf dieser biegen wir links auf den Radweg ein, folgen diesem bis zur kommenden Einmündung. Hier entscheidet man sich entweder für die Weiterfahrt in Fahrtrichtung oder für einen Abstecher rechts durch den Hammerweg zum **Industriemuseum Freudenthaler Sensenhammer ③.** Eine 1779 erbaute Mühle mit Stauwehr bildete die Keimzelle des ehemaligen Industriebetriebes. Zu Beginn des 19. Jahrhunderts gab

Sensenhammer

es neben einer Mahlmühle bereits ein Hammerwerk sowie eine Schleiferei. Diese wurde wenig später als Fabrik zur Herstellung von Sensen, Sicheln und Messern ausgebaut. Nach Einstellung der Produktion Ende der 1980er-Jahre eröffnete hier 2005 das Industriemuseum. Die alte Wehranlage des Sensenhammers wurde für Fische auf der Wanderung zu ihren Laichplätzen durchgängig gemacht.

Wer den Abstecher auslässt oder sich für die Rückfahrt aufhebt, gelangt weiter geradeaus in Höhe der Bushaltestelle halb rechts in die Fußgängerzone des Leverkusener Stadtteils **Schlebusch.** Aufgrund seiner damaligen Bedeutung als bergisches Industriestädtchen (Textil- und Eisengewerbe) wuchs die Bevölkerung rasch und besaß bis 1930 eine eigene Bürgermeisterei. Ebenso sind noch heute entlang der Fußgängerzone in der Bergischen Landstraße Bauten aus dieser Zeit zu sehen, u. a. der Herkenrath-Hof.

Nun geht es weiter in Fahrtrichtung; an der Bushaltestelle (Schlebusch Post) biegen wir rechts auf den Radweg der Odenthaler Straße ein, am Kreisel wechseln wir die Straßenseite und fahren auf dem Radweg bis **Hummelsheim.** In Höhe der Bushaltestelle biegen wir links auf einen nun unbefestigten Weg ein und radeln durch die Dhünnaue. Auf diesem Abschnitt verändert das Dhünntal erneut sein Gesicht. Das in diesem Abschnitt gelegene Sperrwerk wurde teilweise zurückgebaut, um Wanderfischen den Durchzug zu ermöglichen.

Im Odenthaler Ortsteil **Osenau** angekommen, folgen wir dem Verlauf der Wegweiser durch die Hofer Aue, radeln links durch den Auenweg, dann rechts auf die Osenauer Straße, queren eine weitere Straße und passieren das **Schlösschen Osenau.** Es liegt etwas versteckt oberhalb des Weges. Diese schlossartige Villa wurde gegen Ende des 19. Jahrhunderts errichtet.

Wir folgen dem Verlauf der Route an der kommenden Gabelung rechts, queren an der Knoten-Nr. 63 die

Bei der Entscheidung, an der Dhünn weiter entlangzufahren, müssen wir wegen des Hochwassers vom Sommer 2021 mit Wegschäden rechnen. Beim Nutzen des Radweges kreuzen zahlreiche Ein- und Ausfahrten unsere Route.

Hauptstraße und können nun wählen, ob wir dem Dhünn-Radweg entlang der Dhünn folgen oder direkt links den Radweg neben der Altenberger-Dom-Straße (L 101) bis in die Ortsmitte von **Odenthal** nehmen.

In Höhe des Traditionshotels Zur Post queren wir links die Straße und fahren anschließend über einen schmalen Pfahl links der Dhünn und links am Hauptort vorbei. Der Pfad mündet kurze Zeit später auf den Mühlenweg, der uns am **Mühlenmuseum** 4 vorbeiführt. Hier sind in den Gebäuden rechts der Route in großen Fenstern Modelle historischer Mühlen und Schiffe zu bestaunen, ebenso alte Mühlensteine.

Am Wegende biegen wir rechts in die Bergstraße ein, queren diese und stoßen wieder auf die Altenberger-Dom-Straße, die wir ebenfalls queren, um links auf dem dortigen Radweg weiterzufahren. Rechts unserer Route ist **Schloss Strauweiler** zu sehen. Diese burgenartige Anlage, deren Ursprünge bis in das 12. Jahrhundert zurückreichen, befindet sich heute im Besitz der Familie Hubertus Prinz zu Sayn-Wittgenstein-Berleburg. Seine heutige Form erhielt das Schloss im 16. und 17. Jahrhundert.

Hinter **Menrath** müssen wir uns erneut entscheiden, entweder auf dem Radweg neben der Straße zu bleiben, die uns später links nach Altenberg führt, oder rechts über die Dhünnbrücke hinweg einzubiegen und anschließend dem Waldweg leicht bergan durch den Auenwald zu folgen. Hierbei passieren wir nach einer Weile links der Route einen Felssporn, auf dem die Grafen von Berg ihren ersten Wohnsitz errichteten. Man nannte ihn einfach „der Berg“ und so kamen sowohl das Grafengeschlecht als auch das Land an ihre Namen (Grafen von Berg, Bergisches Land).

Burg Berge wurde schnell aufgegeben. Graf Adolf II von Berg ließ eine neue Burg an der Wupper errichten, in die er 1113 umzog, und stellte das Anwesen den Zisterziensermönchen zur Verfügung. Doch auch die Mönche gaben diesen Sitz bald auf und gründeten weiter nördlich **Kloster Altenberg,** unseren Etappenzielpunkt. Wir erreichen ihn nach der kurzen Bergabfahrt, biegen links auf den Radweg ein, an Knoten-Nr. 62 rechts über die Straße, queren die kommende Straße diagonal und fahren weiter über den Märchenwaldweg. In Höhe des **Altenberger Doms** 5 biegen wir rechts auf den Vorplatz des Doms ein. Wer mit Kindern unterwegs ist, kann weiter zum **Märchenwald** 6 fahren, dazu geht es einfach weiter in Fahrtrichtung geradeaus. Auf dem Märchenpfad sind 18 Figuren aus Grimms Märchen zu sehen, die in ihren Häuschen darauf warten, den Besuchern ihre Geschichten zu erzählen.

Der Altenberger Dom, der auch Bergischer Dom genannt wird und als Simultankirche genutzt wird, ist vor allem an Wochenenden und Feiertagen ein beliebtes Ausflugsziel. Unter der Woche jedoch hat man die

*Der **Altenberger Dom** ist die Kirche der ehemaligen Zisterzienser-Abtei Altenberg. Auf Veranlassung der Grafen von Berg im 12. Jh. gegründet und 1804 unter Napoleon säkularisiert, erfolgte 1815 nach einem Brand der Wiederaufbau der gotischen Basilika.*

Altenberger Dom

Atmosphäre der Basilika sowie der angrenzenden Klostergebäude für sich. Mit dem Kräutergarten, der Töpferei, dem Klosterladen, dem Pilgersaal und der Remise gibt es zahlreiche Sehenswürdigkeiten, sodass sich eine längere Pause in jedem Fall lohnt. Für das leibliche Wohl sorgt der **Küchenhof 7.** Dieser Vierkanthof aus dem Jahr 1755 neben der Markuskapelle diente den Zisterziensermönchen als Wirtschaftshof mit Meierei, Stallungen, Fischzucht sowie Gemüse- und Kräutergarten. Hier erwartet uns eher klösterliches Ambiente bei regionaler Küche mit Zutaten aus dem angegliederten Gemüse- und Kräutergarten; für die Kleinen gibt es Extra-Gerichte.

Die **Rückfahrt** entspricht im Wesentlichen der Hinfahrt, allerdings lassen sich einige Wegabschnitte abkürzen. So gelangen wir auf dem Radweg neben der Landstraße direkt in die Ortsmitte von **Odenthal.** Die

Am Wegesrand im Bergischen

dortige Pfeilerbasilika **St. Pankratius** besitzt die älteste Kirchturmglocke des Rheinlands (um 1050 gegossen). Das gesamte Fachwerkensemble steht unter Denkmalschutz.

Am Kreisel geht es rechts weiter auf dem linksseitigen Radweg bis **Osenau.** Dort folgen wir ab der Knoten-Nr. 63 wieder der Wegweisung, später vorbei am Schlösschen Osenau, dann durch die Hofer Aue entlang der Dhünn bis **Hummelsheim,** dort rechts auf dem Radweg weiter bis **Schlebusch.** An der Ampel halten wir uns links und radeln durch die Fußgängerzone Bergische Landstraße, an deren Ende das **Pfannkuchenhaus Haus Ferger** (8) zur wohlverdienten Stärkung einlädt. Sowohl süße als auch herzhafte Pfannkuchen, klein oder groß, werden auf der Außenterrasse angeboten (Tipp: Pfannkuchen mit Heidelbeeren). An der Ampel biegen wir links auf den Radweg der Berliner Straße ein, verlassen diesen rechts in Höhe der **Villa Wuppermann** und fahren, der Wegweisung des Dhünn-Radwegs folgend, später vorbei am Obsthof und **Schloss Morsbroich.** Die Route schwenkt kurz darauf rechts neben den Bahndamm, am Wegende biegen wir links ein und bleiben entlang der Dhünn bis zum Wegende an Knoten-Nr. 21. Bahnabreisende orientieren sich ab hier links und fahren dann rechts unter der Bahn hindurch an Forum und Busbahnhof vorbei bis zum **Bahnhof Leverkusen Mitte.**

Wer mit dem Auto angereist ist, biegt an Knoten-Nr. 21 rechts ab, nach wenigen Metern an Knoten-Nr. 20 links, entlang der Dhünn bis kurz vor Unterquerung der Autobahn. Dort geht es links über die Dhünn zum Haupteingang des **Neuland-Parks** und rechts im geschwungenen Linksbogen über die markante Neuland-Parkbrücke auf die „Wacht am Rhein“ zu. Am nahe gelegenen Kreisel führt dann der Zubringerweg leicht bergab zum **Parkplatz Neuland-Park** in Höhe der **Kirche St. Antonius,** wo unsere erlebnisreiche Tour endet.

Entspannung am Rhein in Leverkusen

Opladen
L 219
Blecher
Altenberg
L 101
Pfengst-
bach
Bülsberg
Glöbusch
Dhünnaue
Bergstraße
Menrath
Leverkusen
Westring
Wupper
Küpper-
steg
Alkenrath
Bachaue des
Bürgerbuschbaches
Berliner Straße
Oulustraße
Bergische Landstraße
Schlebusch
Odenthaler Straße
Edelrather Weg
Neuland-Park
Wiesdorf
Rheinallee
Rhein
Wilhelm-
Dopatka-
Park
Manfort
L 290
Dhünn
Mülheimer Straße
Osenau
Uppersberg
Hummelsheim
Altenberger-Dom-Straße
Scheurener Straße
Odenthal
Küchenberg
L 296
L 270
Scherfbachtalstraße
Mutzbach
K 5
L 101
Schildgen
Voiswinkel
Carl-Duisberg-
Park
Berliner Straße
Flittard
Bergisch Gladbach

Alles auf einen Blick

WIE & WANN:

Insgesamt leichte, flache Strecke mit wenigen kurzen Anstiegen. Gut als Einstieg für weitere Touren geeignet, wegen einiger unbefestigter Wegabschnitte empfiehlt sich ein geländetaugliches Fahrrad. Routenlogo „Dhünn-Radweg", Fahrradwegweiser des landesweiten Radverkehrsnetzes NRW. Beste Radtourzeit ist von März bis Oktober.

HIN & WEG:

Auto: Parkplatz Neuland-Park, Leverkusen-Wiesdorf (GPS: 51.02999, 6.97313)
ÖPNV: RE 1, RE 5, S 6 bis Leverkusen Mitte; bei Abbruch der Tour in Altenberg: Bus 212 bis Leverkusen Mitte

ESSEN & ENTSPANNEN:

Küchenhof ❼ Carl-Mosterts-Straße 1, 51519 Odenthal-Altenberg, Tel. (0 21 74) 4 14 13, www.kuechenhof.com

Entspannung ★★★☆☆
Genuss ★★★★☆
Romantik ★★★☆☆

Pfannkuchenhaus Haus Ferger ❽ Bergische Landstraße 25, 51375 Leverkusen-Schlebusch, Tel. (02 14) 50 55 07, www.pfannkuchenhaus-lev.de

ENTDECKEN & ERLEBEN:

Neuland-Park ❶ Nobelstraße, 51373 Leverkusen-Wiesdorf, www.neuland-park.de
Schloss Morsbroich ❷ Gustav-Heinemann-Straße 80, 51377 Leverkusen, Tel. (02 14) 4 06 45 00, www.museum-morsbroich.de
Industriemuseum Freudenthaler Sensenhammer ❸ Freudenthal 68, 51375 Leverkusen-Schlebusch, Tel. (02 14) 5 00 72 68, www.sensenhammer.de
Mühlenmuseum ❹ Mühlenweg 7, 51519 Odenthal, Tel. (0 22 02) 7 95 80, www.odenthal-altenberg.de
Altenberger Dom ❺ Eugen-Heinen-Platz 2, 51519 Odenthal, www.altenberger-dom.de
Märchenwald Altenberg ❻ Märchenwaldweg 15, 51519 Odenthal-Altenberg, Tel. (02 14) 7 84 23 23, www.maerchenwald-altenberg.de

- 31 Kilometer
- 106 Höhenmeter
- 3 Stunden
- Rundtour

Clemenskirche

Auf der folgenden Rundtour geht es auf größtenteils autoarmen Wegen durch die nördlichen Stadtteile von Mülheim. Dabei streifen wir kurz Leverkusen und machen einen kleinen Abstecher in das benachbarte Bergisch Gladbach.

Unsere Tour startet am **Bahnhof Köln-Mülheim.** Vom Vorplatz aus orientieren wir uns links, überqueren die Frankfurter Straße und biegen am Wegende rechts ein. Wir folgen der Radwegweisung in Richtung **Wiener Platz** (Knoten-Nr. 37); wer mit dem Auto oder mit der Stadtbahn anreist, beginnt hier die Rundtour, zunächst einmal rechtsdiagonal über den Platz, dann das Rad durch die Unterführung schiebend und anschließend geradeaus über die Buchhei-

Ein fleißiger Bach

Rundfahrt um Mülheim

mer Straße bis zum Rheinufer. Hier, im historischen **Mülheim,** schweift unser Blick von der früheren Festungsmauer.

Links von uns liegt Mülheims älteste Kirche, die **Schifferkirche St. Clemens.** Sie ist Mittelpunkt der alljährlich stattfindenden und weit über Köln hinaus bekannten Mülheimer Schiffsprozession zu Fronleichnam. Weiter stromabwärts und vorbei an der **Villa Krahnenburg** passieren wir kurz danach die **ehemalige Schlackenbergwerft.** An einer Weggabelung verlassen wir über eine kurze Rampenauffahrt den Leinpfad und gelangen in den Ortsteil **Stammheim.** Der Legende nach wurde hier vor langer Zeit in Höhe der Kirche ein Mariengnadenbild angeschwemmt. Seit dem 17. Jahrhundert ist

> ***Mülheim** war bis 1914 eigenständig. Die Stadt am Rhein profitierte vor allem vom in Köln praktizierten Stapelrecht sowie der damaligen Religionsfreiheit. Im Mittelalter besaß sie sogar Münzprägerecht.*

Schlosspark Stammheim

Stammheim Marienwallfahrtsort. Der hinter der Kirche liegende **Schlosspark** mit seinen schönen alten Baumbeständen lädt zu einer kurzen Rast ein. Im vom Landschaftsarchitekten Maximilian von Weyhe entworfenen Park befand sich eine der bedeutendsten barocken Schlossanlagen im Rheinland, diese wurde jedoch 1944 zerstört.

Als ihre neue Heimat „entdeckt" hat den Schlosspark neben den Grünen Halsbandsittichen die seit vielen Jahren etablierte Kunst- und Skulpturenausstellung „Rheinblicke – Einblicke".

Weiter in Fahrtrichtung geht es vorbei am **Großklärwerk Stammheim,** einem der bundesweit größten und modernsten Klärwerke. Auf dem Weg passieren wir ein wei-

Für die Seele

Rheinufer, Kiesgruben, Moore und einen Bach mit einst vielen Mühlen entdecken wir auf unserer Rundtour um Mülheim.

teres Zeugnis der Vergangenheit: Der **Optische Telegraf** (1) war von 1832 bis 1848 in Betrieb und diente zur Übermittlung militärischer Nachrichten. Durch entsprechende Ausrichtung der Mastenstellung wurden Nachrichten an benachbarte Stationen weitergegeben. Zwischen Berlin und Koblenz gab es 61 solcher Stationen.

In Höhe der Bushaltestelle am Ortsbeginn biegen wir links ein, am Wegende halten wir uns rechts. Nach Passieren des früheren Bauern- und Fischerdorfes **Flittard** geht es rechts und den rot-weißen Wegweisern folgend, später in Höhe Aldi links abbiegend, entlang eines breiten Radweges in Richtung Leverkusen. Der südliche Teil des heutigen Chemparks liegt noch auf Kölner Stadtgebiet.

Nach Querung der Bundesstraße rechts abbiegend geht es hinter dem Kreisel zunächst auf einem Radweg weiter geradeaus. An der nächsten Gabelung biegen wir links ein. Am Wegende biegen wir in Höhe des Schildermastes scharf rechts ein und fahren vorbei am **Flugplatz- und Sportgelände Kurtekotten,** bevor es wieder über eine Autobahn hinweg und eine weitere Bahnlinie entlang des **Von-Diergardt-Sees** geht, der im Sommer zu einer Badepause einlädt. Diesen umrunden wir und fahren, der rot-weißen Wegweisung folgend, durch den Forst nach **Dünnwald.** Hier am Ende des Holzwegs liegt die größte romanische Kirche des rechtsrheinischen Kölns, die **Basilika St. Nikolaus ②.**

*Das **Kloster Dünnwald** wurde zu Beginn des 12. Jh. von den Prämonstratensern errichtet und während Reformation und Dreißigjährigem Krieg mehrmals geplündert, zerstört und wieder aufgebaut. 1803 erfolgte dessen Enteignung während der Französischen Revolution.*

Die Hofanlage mitsamt dem Klostergebäude befindet sich heute in Privatbesitz. Mit ein wenig Glück kann man sich auf dem Vorhofplatz umsehen und einen Blick auf das ehemalige Kloster werfen.

St. Nikolaus in Dünnwald

Hinter dem Klosterhof fahren wir zunächst weiter entlang der Prämonstratenserstraße, vor dem Bahnübergang rechts und dann links und über die Gleise hinweg. An der kommenden Ampel halten wir uns geradeaus, dann halb links über die Leuchterstraße bis in Höhe der Weggabelung an der Bus-Endhaltestelle, bevor es halb rechts über den Peter-Baum-Weg in den Wald geht. Hier liegt das seit 1925 in Eigenregie betriebene **Dünnwalder Waldbad,** das von einem „Freien Ortskartell" betrieben und unterhalten wird. Nebenan befinden sich der **Wildpark Dünnwald 3,** eine Minigolf-Anlage, ein Camping-Platz sowie der **Biergarten Wildwechsel 4.** Hier ist an Wochenenden und Feiertagen immer viel los, doch auf einem der zahlreichen Rastplätze oder im Biergarten kann man ein wenig vom Flair der Stadtranderholung genießen. Holzschnitzfiguren entlang des Mutzbaches sowie das Wisentgehege sind die Besonderheiten des Wildparks.

Wir überqueren hinter dem Parkplatz am Freibad den Mutzbach, halten uns links, an der nächsten Gabelung wieder links und am Wegende erneut links. Kurz danach überqueren wir eine Straße und folgen dem Hauptweg weiter zu unserem nächsten Etappenziel. Die nahe gelegene **Diepeschrather Mühle** liegt bereits auf Bergisch Gladbacher Stadtgebiet. Das dortige Ausflugslokal sowie die angrenzenden Spiel- und Freizeitanlagen bieten sich für eine längere Rast an.

Die folgende Etappe führt nun über Bergisch Gladbacher Stadtgebiet, zunächst durch das Erholungsgebiet rund um die Diepeschrather Mühle. In Höhe der Haupteinfahrt zum Erholungsgebiet geht es rechts in den Wald, an der Schutzhütte links und später wieder rechts. Am Wegende halten wir uns zunächst halb links und dann weiter geradeaus durch die Heinrich-Strünker-Straße. Die Paffrather Straße müssen wir vorsichtig halb rechts überqueren und in Höhe des Hinweises „Privatgrundstück" einfahren.

An der Strunde

Zunächst geht es links versetzt weiter, dann geradeaus durch den Katharinenkammerweg und dort halb rechts durch die Sperrpfosten weiter durch den Wald. Hier weisen uns Infotafeln auf das **Hochmoorgebiet Thielenbruch** hin.

Später verlassen wir den Waldweg und fahren rechts über den Duckterather Weg weiter geradeaus, bis wir rechts in die Schlodderdicher Straße einbiegen. Dort fahren wir in Höhe der Gemeinnützigen Werkstätten rechts auf den Waldweg. Nun sind wir erneut im **Thielenbruch.** An der ersten Kreuzung biegen wir links ein und folgen dem Verlauf des **Strunder Bachs** im Rechtsbogen bis zur Brücke. Auf diese biegen wir scharf links ein. Wir passieren die Stadtgrenze zu Köln in Höhe der einstigen Strunder Mühle und biegen am Wegende rechts in die Gierather Straße ein.

Anschließend informieren wir uns an den zahlreichen Infotafeln entlang der Themenroute „Strunde" über Lage und Bedeutung der einzelnen Mühlen und Höfe. Zunächst müssen wir die Ortsdurchfahrt des historischen Ortsteils Thurn-Strunden passieren. Hierbei lohnt für den großen Hunger eine Einkehr auf der Außenterrasse in **Nikos Ouzeria** 5 mit griechischer Küche. Im Rechtsknick der Straße fahren wir geradeaus weiter über die Hardthofstraße und verlassen diese am Ortsende in einem scharfen Rechtsknick. Nun radeln wir vorbei an Pferdekoppeln bis zum Reitstall im **Thurner Hof** 6 mit seinem hochgezogenen Satteldach. Die Ursprünge dieses Hofes liegen im 12. Jahrhundert, das Herrenhaus in seiner heutigen Form stammt aus dem 16. Jahrhundert.

Nach einem kurzen Links-rechts-Versatz geht es durch ein Sportgelände hindurch, hinter dem **Bistro Terrasse** 7 mit kleiner Speisekarte, dafür mit Blick auf die Sportanlagen, halten wir uns halb rechts, überqueren den Grafenmühlenweg und fahren weiter durch den Grünzug, bis es in Höhe des Hauses Iddelsfeld links versetzt weitergeht.

Das Naturschutzgebiet ***Kalkflachmoor Thielenbruch*** *ist eine botanische Besonderheit. Hier liegen die sauren, nährstoffarmen Böden der Rheinterrasse neben Kalkablagerungen der Bergischen Terrasse, wo sich Glockenheide und Englischer Ginster wohlfühlen.*

Die ***Strunde*** *wurde früher als „fleißigster Bach" bezeichnet, denn sie eignete sich durch Wassermenge und Fließgeschwindigkeit hervorragend für das Betreiben von Wassermühlen. Ein künstliches Bachbett sollte verhindern, dass ihr Wasser frühzeitig versickert.*

Thuner Hof

Am Wegende in Höhe des Krankenhauses fahren wir rechts, dann links und weiter durch Schweinheim. Eine mittlerweile stillgelegte Baumwollbleicherei mit markantem Schornstein dokumentiert die Bedeutung der Strunde als Energielieferant für die zahlreichen Mühlen.

In Höhe einer alten Schule passieren wir **Haus Isenburg 8**, eine mittelalterliche (1364) Ritterburg, in der später auch frühere Kölner Oberbürgermeister und Stadtadelige wohnten. Im Originalzustand erhalten sind die jahrhundertealten Bäume, der Wassergraben sowie die Brückenbauwerke. Auffallend ist die geschieferte, birnenförmige Dachhaube des Wehrturms.

Die Strunde macht hinter der Isenburg einen Knick südwestwärts. Wir halten uns entlang der ausgeschilderten Fahrradwegweisung und gelangen über die Wichheimer Straße, dann links des Strunder Baches und entlang der Lärmschutzwand der Autobahn zu unserem nächsten Etappenziel, dem **Kreuzwasser 9**. Dieses historische Bauwerk wurde damals errichtet, damit die schnell fließende Strunde den träge dahinfließenden Flehbach überqueren konnte. Eine Hinweistafel erläutert Interessierten die näheren Details.

Ab hier ist es nicht mehr weit zu unserem Ziel. Am Wegende nutzen wir rechts den Radweg, überqueren die Autobahn und biegen in Höhe der **Herler Mühle** (siehe Tour 1) entgegen der Wegweisung rechts auf den Radweg ein. In Höhe von **Haus Herl** queren wir im Schutz der Mittelinsel den Herler Ring, fahren bis zur Stadtbahnhaltestelle, queren die Gleise und fahren links weiter bis zur Knoten-Nr. 38 in **Buchheim.** Die Wegweiser leiten uns kurz danach über die Arnsberger Straße, dann unter der großen Bahnunterführung hindurch und anschließend entweder rechts zum **Bahnhof Köln-Mülheim** oder weiter geradeaus bis zum Wiener Platz in **Mülheim.** Hier endet unsere erlebnisreiche Radtour.

*Auf dem Rittersitz **Gut Iddelsfeld** aus dem 13. Jh. wohnten Bachgrafen und wachten über die Einhaltung der wasserwirtschaftlichen Regeln. Dies war notwendig, da viele Mühlen oft unkontrolliert verschmutztes Wasser einleiteten.*

Schildgen
Bergisch Gladbach
Paffrath
Hand
Carl-Duisberg-Park
Von-Diergardt-See
Haidweg
Flittard
Egonstraße
Mutzbach
Berliner Straße
Dünnwald
Odenthaler Straße
L 101
L 288
Diepeschrather Wald
Diepeschrather Mühle
Katterbachstraße
Dünnwalder Mauspfad
Kalkweg
Höhenfelder See
Thielenbruch und Thurner Wald
Niehl
Stammheim
Rhein
Höhenhaus
Kradepohlsmühle
Dellbrück
506
8
3
Strunder Bach
Gierather Straße
Strunden
Gierather Wald
Holweide
Dellbrücker Mauspfad
Nippes
Riehl
Mülheim
Köln
9
Deutz-Mülheimer Straße
Buchheim
Schlagbaumsweg
Bruchbach
Eggerbach
Refrath
Buchforst
55a
4
1
2
3
4
5
6
7
8
9

Alles auf einen Blick

WIE & WANN:

Insgesamt flache Strecke, einige Abschnitte auf unbefestigten Wegen, größtenteils autofreie bzw. autoarme Wegführung. Ein geländetaugliches Fahrrad wird empfohlen. Nur auf wenigen Abschnitten mit Fahrradwegweisern der landesweiten Radwegweisung NRW, entlang der Strunde entspricht der Verlauf im Wesentlichen der RegioGrün-Erlebnisroute Strunde. Beste Radtourzeit ist März bis Oktober. Mögliche Anschlusstouren: Tour 1, Tour 3 und Tour 14.

HIN & WEG:

Auto: Mülheim, Wiener Platz (GPS: 50.96049, 7.00493)
ÖPNV: RE 1, RE 5, RB 48, S 6, S 11 bis Köln-Mülheim, Stadtbahn 4, 13,18 bis Mülheim, Wiener Platz

Entspannung ★★★☆☆
Genuss ★★★★☆
Romantik ★★★☆☆

ESSEN & ENTSPANNEN:

Restaurant & Biergarten Wildwechsel ❹ Peter-Baum-Weg 24, 51069 Köln-Dünnwald, Tel. (02 21) 96 81 26 38, www.wildwechsel-koeln.de
Nikos Ouzeria ❺ Gierather Straße 25, 51069 Köln-Dellbrück, Tel. (02 21) 16 86 30 13, www.nikosouzeria.de
Bistro Terrasse ❼ Mielenforster Straße 40, 51069 Köln-Dellbrück, Tel. (02 21) 84 55 07 43, www.bistro-terrasse.koeln

ENTDECKEN & ERLEBEN:

Optischer Telegraf ❶ Egonstraße, 51061 Köln-Flittard
Klosterhof/Basilika St. Nikolaus ❷ Prämonstratenserstraße, 51069 Köln-Dünnwald
Wildpark Dünnwald ❸ 51069 Köln-Dünnwald
Thurner Hof ❻ Mielenforster Straße 1, 51069 Köln-Dellbrück
Haus Isenburg ❽ Isenburger Kirchweg, 51067 Köln-Holweide
Kreuzwasser ❾ 51067 Köln-Holweide

Siegaue

- 36 Kilometer
- 73 Höhenmeter
- 3,5 Stunden
- Rundtour

Von der Endhaltestelle der Stadtbahn in **Zündorf** queren wir zunächst die Wahner Straße, fahren durch die Spargelfelder, am Wegende links und weiter über den Feldweg, der nach einer Weile als Fahrradstraße markiert ist. Wir folgen deren Verlauf, vorbei an den Wiesen des Golfclubs St. Urbanus, passieren eine Baum- und Strauchallee, die wie eine Tunnel-Galerie über der Route liegt und so an heißen Tagen Schatten spendet, und passieren das Clubhaus. Nach Querung einer Kreisstraße erreichen wir das etwa 850 Jahre alte **Libur,** das Ende des 15. Jahrhunderts selbstständige Pfarrei wurde. Heute ist der südlichste Vorort Kölns in der landwirtschaftlich geprägten Umgebung eine beliebte Wohngegend.

Werthe und Auen

Vom Rhein zur Sieg und zurück

Eine der heiligen Margaretha geweihte Kapelle wurde 1582 erstmals erwähnt. Die gleichnamige Kirche geht auf eine Stiftung von Bauern sowie des damaligen Pfarrers Huthmacher zurück und wurde 1911 fertiggestellt. Hinter der **Kirche St. Margaretha** ❶ geht es links in die Straße Freiheit, an der Friedhofskapelle sofort wieder rechts in den Stockumer Weg.

Der weitere Verlauf ist geprägt durch eine Agrarlandschaft, in der einige Naturdenkmäler wie Einzelbäume, Baumgruppen mit Wegekreuzen sowie Feldhecken optische und naturräumliche Gegengewichte darstellen. In der agrarisch geprägten Landschaft des Kölner Südens dienen solche Hecken nicht nur als Windschutz, sondern auch als Rückzugsgebiete für

Fasane, Feldmäuse und zahlreiche Insektenarten.

Im Weiler **Stockem** müssen wir erneut eine Kreisstraße überqueren; wer möchte, kann im links der Route liegenden Hofmarkt „Himmel & Erde" regionale Produkte und Lebensmittel direkt vom Erzeuger erwerben.

Der weitere Streckenverlauf ist selbsterklärend, dabei können wir immer unsere Blicke in die Umgebung schweifen lassen. So liegen vor uns die Vulkankuppen des Siebengebirges südlich von Bonn, bei klarer Sicht lassen sich auch die Ausläufer der westlich gelegenen Eifel erkennen. An Knoten-Nr. 22 orientieren wir uns links nach **Kriegsdorf** und durchqueren über die Reichensteinstraße, vorbei an der Kirche St. Antonius, den Ort. Hinter dem Sportplatz queren wir die Umgehungsstraße und gelangen über die Straße Vorgebirgsblick nach **Eschmar.** Nach Überquerung der Hauptortsdurchfahrt geht es weiter in die Talaue und vorbei an einer Streuobstwiese; kurze Zeit später passieren wir

*Das **Mündungsgebiet der Sieg** ist eine der letzten naturbelassenen Rheinmündungen, es steht unter Naturschutz und ist seit 1996 FFH-Gebiet der EU. Im Unterlauf der Sieg kommt es oft zu Hochwasser, großzügige Wiesen und Auen schützen die Ortschaften.*

Skulpturen bei Eschmar

die **Eschmarer Mühle** ❷. Hier wurden früher Getreide und Öl gemahlen, heute sind in diesem Anwesen zwölf Wohnungen untergebracht. Im Umfeld der Mühle sind verschiedene Skulpturen zu sehen.

Nach Überquerung des Mühlengrabens folgen wir den Wegweisern bis auf den Damm der Siegaue, lassen unsere Blicke über die sich vor allem im Frühjahr in satten Grüntönen präsentierende Auenlandschaft gleiten, passieren später den Rast- und Spielplatz **Kirvelberg** und radeln ab dort geradeaus, später rechts, überqueren eine stark befahrene Hauptstraße und erreichen den Troisdorfer Ortsteil **Bergheim.**

Nun folgen wir den hier ebenfalls ausgeschilderten Wegweisern des Rhein-Radwegs vorbei am **Fischereimuseum Bergheim** ❸ sowie am Jachthafen im Mündungsbereich der Sieg bis zur **Mondorfer Fähre** ❹. Im umgestalteten Uferbereich der Anlegestelle lohnt sich eine Rast, vor allem für Kinder auf der nahe gelegenen Spiel- und Freizeitanlage, bevor es in Höhe der Knoten-Nr. 15 in Fahrtrichtung Niederkassel rheinabwärts weitergeht. Wer hier einkehren möchte, ist auf der Außenterrasse des **Restaurants Schlimgen** ❺ gut aufgehoben.

Die Route verläuft zunächst vorbei an einer Beach-Bar, später geht es um eine Schiffswerft herum und über den Rheindamm bis **Rheidt.** Hier lohnt ein Abstecher auf die links der Route liegende Rheininsel, das **Rheidter Werth** ❻. Der dortige Auenwald bietet vor al-

Für die Seele

Ruhige Wege mit Weitblick, Fähren und Häfen sowie Inseln und Auenwälder erwarten uns im Kölner Süden.

*Im 2011 eröffneten **Fischereimuseum Bergheim/Sieg** wird die über Jahrhunderte betriebene Fischerei mitsamt ihrer wirtschaftlichen und gesellschaftlichen Bedeutung für die Region dokumentiert. Betrieben wird das Museum von der Fischerei-Bruderschaft e.V.*

lem an heißen Tagen kühlenden Schatten unter den mächtigen Pappeln. Zurück auf bzw. neben dem Rheindamm führt uns der weitere Verlauf nach **Niederkassel.** Dort müssen wir das Rheinufer verlassen und rechts die Straße Rheinwerft hinauffahren. Links über die Rathausstraße durchfahren wir den Ort.

Am Wegende macht die Route einen Rechtsknick, an Knoten-Nr. 19 folgen wir links dem weiteren Verlauf auf dem Radweg rund um das Fabrikgelände eines Essener Chemiekonzerns, queren in **Ranzel** an der Ampel die Straßenkreuzung und fahren links weiter auf dem schmalen Radweg der Berliner Straße durch den Niederkasseler Ortsteil **Lülsdorf.**

Wenig später biegen wir von der Ortsdurchfahrt links in die Burgstraße ein, dabei passieren wir die Einfahrt zur **Burg Lülsdorf** ⑦. Die Ursprünge dieser Niederungsburg liegen im 12. Jahrhundert, im 15. Jahrhundert war sie Verwaltungssitz des Bergischen Amtes Lülsdorf. Lange eine Ruine, erwarb der rheinische

*Mit der Einmündung der Sieg nördlich von Bonn erreichen wir das Einzugsgebiet des **Niederrheins.** Wegen seiner stets strategisch wichtigen Bedeutung als Transportweg ließen sich viele Firmen am Ufer des 1200 Kilometer Fließlänge großen Flusses nieder.*

„Burgenkönig" Hillebrand 2006 diese Immobilie. Ein Blick auf das Anwesen lässt sich vom Weg rechts der Anlage werfen.

Weiter geht es rechts über den Uferweg, dann links und später wieder rechts, zunächst vorbei am Anleger der Fähre Lülsdorf-Wesseling, in Höhe der Walter-Esser-Brücke sehen wir einen historischen **Myriameterstein.** Unter der preußischen Regierung wurde der Rhein neu vermessen, wobei nach erfolgter Rheinbegradigung zwecks Gesamtvermessung Mitte des 19. Jahrhunderts diese historischen Kilometersteine alle 10.000 Meter rechts und links des Rheins zwischen Basel und Rotterdam aufgestellt wurden.

Mit Passieren der Brücke sehen wir rechts von uns eine eingedeichte Agrarfläche. Dieses Rückhaltebecken wird ab einer bestimmten Wasserhöhe überflutet und verhindert somit einen weiteren Anstieg des Hochwasserpegels in den weiter nördlich gelegenen

Myriameterstein

Kölner Stadtgebieten. Wir bleiben auf dem Rheindamm und passieren den Langeler Auenwald. In Höhe des Campingplatzes lag das 1911 eröffnete Strandbad, der Langeler Lido. Das Gebäude des Gasthauses Strandbad wurde jüngst aufgegeben.

Nun ist es nicht mehr weit bis nach **Langel,** durch eine Umlaufsperre müssen wir erneut den Rheindamm erklimmen und sehen links von uns die **Langeler Teiche,** die Teil eines verlandeten Rheinarms sind. Zu lange Hitzeperioden haben dem Biotop in letzter Zeit zugesetzt. Hinter dem Gourmetrestaurant fahren wir aus dem Ort hinaus und folgen den Wegweisern, die uns vorbei an Rapsfeldern und später auf dem Deich wieder durch einen Auenwald führen. Nach einer Weile verlassen wir den Damm links (aufgepasst: Wegweiser ist verdeckt), umfahren die nächsten Teiche und erreichen rechts einbiegend die Zündorfer **Freizeitinsel Groov 8.** Der ehemalige Rheinarm, die Groov, bildet eine weitläufige Rheinauen-Landschaft, geprägt von teilweise jahrhundertealten Bäumen und auf Kölner Stadtgebiet eher seltenen Rhein-Sandstränden, ideal vor allem für Kinder an warmen Sommertagen. An der Gabelung in Höhe der Rheinfähre nach Weiß biegen wir rechts ein; auf dem Marktplatz bieten die vielen Fachwerkhäuser mit Gastronomie sowie Freizeitanlagen (Spielplätze, Minigolf) zahlreiche Möglichkeiten, sich zum Ende der Tour verwöhnen zu lassen.

Von der Freizeitinsel Groov haben wir schon bald unseren Zielpunkt erreicht. Am besten fährt man vom Marktplatz rechts und hinter dem Spielplatz links durch die Alte Gasse, vorbei an der Pfarrkirche St. Mariae Geburt, leicht bergan, folgt den alten Radwegweisern rechts, dann sofort links, an der Ampel geradeaus. Kurze Zeit später erreichen wir, links in den Gartenweg einbiegend und die Wahner Straße überquerend, die Endhaltestelle der **Stadtbahn in Zündorf.**

*Im heutigen Kölner Stadtteil (Porz-)**Zündorf** wurden früher die Waren von den Schiffen abgeladen und auf dem Landweg zum Mülheimer Hafen gebracht, um das Mitte des 13. Jh. eingeführte Kölner Stapelrecht und die damit verbundenen hohen Zölle zu umgehen.*

Freizeitinsel Groov in Zündorf

Köln
Rodenkirchen
Weiß
Hahnwald
Porz
Wahner Heide
Zündorf
Hauptstraße
Wahner Straße
Wahn
Wahnheide
Pauls-
maar
Liburer Landstraße
Rhein
Loorweg
Langel
Libur
Weilerhofer See
Libur
See
Lüls-
dorfer
Weiden
Lülsdorf
Ranzel
Liburer Weg
L 269
L 82
Troisdorf
Niederkassel
Stockemer
See
Wesseling
Reichensteinstraße
Rotter
See
Kriegsdorf
Sieglar
Eschmarer
See
Konrad-Adenauer-Ring
L 300
L 192
Esch-
mar
Rheidt
Mondorfer
See
Rheinstraße
Mondorf
Bergheim
Mülle-
koven
Sieg
Siegaue
L 269
Bornheim
Bonn
4
51
8
59
555
565
56
1
2
3
4
5
6
7
8

Alles auf einen Blick

WIE & WANN:
Leichte, flache Strecke mit einigen unbefestigten Wegabschnitten auf dem Damm entlang der Siegaue; bis auf einige Ortsdurchfahrten autofreie Wegführung. Ab Kriegsdorf ist die Tour mit der Wegweisung des landesweiten Radverkehrsnetzes ausgeschildert. Beste Radtourzeit ist März bis Oktober. Mögliche Anschlusstour: Tour 7.

HIN & WEG:
Auto: Park-&-Ride-Parkplatz Haltestelle Zündorf (GPS: 50.86747, 7.05136)
ÖPNV: Stadtbahn 7 bis Zündorf

ESSEN & ENTSPANNEN:
Restaurant Schlimgen ❺ Provinzialstraße 8, 53859 Niederkassel-Mondorf, Tel. (02 28) 94 77 01 00, www.schlimgen-mittendrin.de

Entspannung ✱✱✱✱✱
Genuss ✱✱✱✱✱
Romantik ✱✱✱✱✱

ENTDECKEN & ERLEBEN:
St. Margaretha ❶ Pastor-Huthmacher-Straße 9, 51147 Köln-Porz/Libur
Eschmarer Mühle ❷ Zur Mühle, 53844 Troisdorf-Eschmar
Fischereimuseum ❸ Nachtigallenweg 39, 53844 Troisdorf-Bergheim, Tel. (02 28) 94 58 90 17, www.fischereimuseum-bergheim-sieg.de
Mondorfer Fährpark ❹ Provinzialstraße, 53859 Niederkassel-Mondorf, www.rheinfaehre-mondorf.de
Rheidter Werth ❻ 53859 Niederkassel-Rheidt
Burg Lülsdorf ❼ Burgstraße 39, 53859 Niederkassel-Lülsdorf, nur von außen zu besichtigen
Freizeitinsel Groov ❽ Am Markt 1, 51143 Köln-Porz/Zündorf

Intze-Turm

- 26 Kilometer
- 48 Höhenmeter
- 2,5 Stunden
- Rundtour

Diese Tour ist geprägt vom Charakter einer Niederrheinlandschaft; auf weiten Strecken geht es durch Felder, auf Dämmen und durch eine Bruchlandschaft. Hier, im Kölner Norden, hat der Rhein abseits seines heutigen Verlaufes deutliche Spuren hinterlassen. Das Durchqueren der einst „Neuen Stadt“ Chorweiler stellt einen augenfälligen Kontrast dar.

Startpunkt ist der Park-&-Ride-Parkplatz am **S-Bahnhof Köln-Worringen.** Wir überqueren am Ausgang die Straße und orientieren uns rechts. Dabei fällt ein Bau ins Auge, ein mehrstöckiger Backsteinturm, heute grün umrankt und erkennbar bewohnt. Das ist kein Mühlenturm ohne Flügel, sondern der Sockel eines unvollendeten Wasserturms, der **Intze-**

Alter & neuer Rhein

Streifzüge im Kölner Norden

Turm. Seit über einem Jahrhundert ist der heute unter Denkmalschutz stehende Turm bewohnt. Ab hier können wir uns bergab rollen lassen, kurz darauf biegen wir links in den Senfweg ein und fahren nun mitten durch eines der bedeutendsten Kölner Naturschutzgebiete, den **Worringer Bruch** ①. Die Gegend wirkt wie ein verwunschener Wald aus Grimms Märchen. Die aus dem Wasser herausragenden Baumäste und mittendrin die Schwanengruppe passen zu dieser Vorstellung.

In dem Naturschutzgebiet finden heute viele seltene Vogel-, Insekten- und Pflanzenarten wertvolle Rückzugsräume. Einen nachhaltigen Eindruck hinterlässt das Bruchgebiet vor allem nach längeren Re-

*Der ehemalige **Rheinarm** war bereits vor 8.000 Jahren verlandet. Das Bruchgebiet ist ein Relikt aus dem Wechsel von Kalt- und Warmzeiten mit entsprechenden Flussablagerungen. In der anschließenden Warmzeit schnitt sich der Fluss tiefer ins Gelände ein.*

Worringer Bruch

genfällen und einem hohen Grundwasserstand, dann erinnert es an eine tropische Flussauenlandschaft.

Den Weg aus dem Wald heraus geht es nun weiter über die Felder, am Wegende biegen wir rechts in die **Alte Neusser Landstraße.** Kurz danach erreichen wir die B 9, auf die wir rechts einbiegen und diese nach wenigen Metern halb links verlassen. Auf der ehemaligen **Römerstraße** zieren noch heute Altbestände von Holländischen Linden das Straßenbild. Dann geht es in Höhe des kleinen Waldstreifens links über einen Feldweg zum **Langeler Damm ❷.** Auf diesen biegen wir rechts ein und folgen dem Wegverlauf entlang des Naturschutzgebietes „Rheinaue“, einem naturnahen Rheinufer-Saumbereich in Richtung Langel.

Für die Seele

Wir erleben den Kölner Norden als Sumpf- und Bruchwaldlandschaft zwischen Rhein und seinen Altarmen.

Kurz vor **Langel** biegen wir links zur Fähre hin ein, hinter dem Restaurant rechts. Über den Ende der 1990er-Jahre sanierten Hochwasserschutzdamm verlassen wir in Höhe der Knoten-Nr. 2 den Rheindamm rechts und fahren später über den Mohlenweg weiter auf autofreien Wegen nach **Fühlingen,** das auch weniger liebevoll „Kölns größte Badewanne“ genannt wird – in Anspielung auf den nahe gelegenen Fühlinger See, der an heißen Sommertagen sehr frequentiert ist. Die Gegend um Fühlingen und Langel bietet ein beschauliches Bild: Weit entfernt vom Zentrum Kölns, bemerkt man unter der Woche zwar den Lärm der Autos und Brummis entlang der Bundesstraße 9, ansonsten wohnt man in schicken Eigenheimen und

Auf dem Wasserlehrpfad

möchte von Köln nicht viel wissen. Denn bis heute unvergessen bleibt bei den „Nordbürgern" der Protestzug in den 1970er-Jahren vor das Kölner Rathaus, als man sich erfolgreich gegen den Bau weiterer Industrie- und Gewerbegebiete zur Wehr setzte.

Nach Überquerung der B 9 geht es, der Wegweisung halb links folgend, weiter über die Spielanlage und den Grünzug, später unter einer Unterführung hindurch, mitten hinein nach **Chorweiler.** Die einst für 100.000 Neubürger geplante Trabantenstadt hatte als Deutschlands größte Plattenbausiedlung lange Zeit einen schlechten Ruf. Zahlreiche städtische Sanierungs- und Ergänzungsprogramme, aber auch soziales Engagement einiger Privater machen heute nach Angaben der inzwischen „Eingesessenen" den besonderen Reiz Chorweilers aus. Ursprünglich viel zu breit geplante Straßentrassen wurden wieder zurückgebaut, und das Viertel wurde mittlerweile auch kulturell wiederbelebt.

Wer jedoch mit dem Fahrrad, links auf die Weserpromenade einbiegend, vor der **S-Bahnstation Chorweiler Nord** steht, kommt nicht umhin, in das weniger hübsche Gesicht Chorweilers zu blicken. Zahlreiche städtebauliche und kulturelle Projekte wirkten scheinbar nur für kurze Zeit und konnten das Erscheinungsbild Chorweilers nicht wirklich verbessern.

So verlassen wir Chorweiler ein wenig nachdenklich ob dieser Eindrücke, fahren später rechts und entlang des Radweges der Merianstraße weiter nach **Weiler.** Über die Deliastraße radeln wir rechts durch den Dresenhofweg auf eine für den Autoverkehr gesperrte und mit Obstbäumen verzierte Straße in Richtung Norden. Mit Erreichen des Waldes folgen wir der rotweißen Radwegweisung links über die Bahngleise und stehen kurz darauf am Wasserlehrpfad des **Wasserwerks Weiler ③.** Es liegt im Kölner Norden und fördert das Wasser aus einer Brunnengalerie zwischen Langel und Worringen. Das sogenannte Rohwasser ist eine

*Im **Wasserwerk Weiler** wird das Mischwasser, bestehend aus Uferfiltrat und Grundwasser, gefördert und zur weiteren Reinigung aufbereitet. Das Kölner Trinkwasser wird seit 1996 nicht mehr gechlort.*

Café in Esch

Der etwa 20 Kilometer lange ***Kölner Randkanal,*** *der Regenwasser und nicht benötigtes Grundwasser aus dem Tagebau abführt, verläuft weiter in Richtung Worringen und mündet dort in den Rhein.*

Mischung aus Grundwasser, das dem Rhein zufließt, und Uferfiltrat, also versickertem Wasser aus dem Untergrund des Rhein-Flussbettes.

Nach der Erkundung der zahlreichen Infotafeln und dem Auffüllen unserer Trinkwasserflaschen mit „Kölnisch Wasser" geht es in Richtung Süden weiter und am Wegende rechts entlang des Radwegs der Kreisstraße K 7. Wenig später erreichen wir **Esch.** Hier fällt der komplett von einer Mauer umgebene, höher liegende Kirchhof mit **St. Martinus** 4 aus dem 11. Jahrhundert ins Auge, in dessen Nähe viele alte Grabsteine aus verschiedenen Epochen stehen. In der Ortsmitte von Esch – erreichbar nach Umrundung des Kirchhofs – lädt das **Bistro Miro** 5 mit schöner Außenterrasse zu einer Kaffeepause ein.

Die Tour führt am **Frohnhof** vorbei aus Esch heraus. Wir biegen rechts in die Kreisstraße ein und verlassen diese kurz vor der Autobahnunterführung nach links, wo es auf einem für Autos gesperrten Wirtschaftsweg weitergeht. Dabei folgen wir dem Verlauf

Kirchhof in Esch

der etwas in die Jahre gekommenen Wegweisung. Östlich des Pulheimer Stadtteils **Sinnersdorf** müssen wir im Schutz des Kreisels die Umgehungsstraße queren, folgen dabei der Wegweisung und überqueren kurz danach den **Kölner Randkanal** (siehe Tour 6).

Das Mitte des 18. Jh. in der heutigen Form errichtete ***Schloss Arff*** *zählte einst zu den barocken Prachtbauten des Rheinlands. In einem hochwassergefährdeten Areal liegend, wurde es auf Baumpfählen errichtet.*

Vorbei an **Gut Brüngesrath** fahren wir in Höhe der Zufahrt zum Wanderparkplatz **Chorweiler Busch** rechts auf dem Further Weg weiter, an der kommenden Gabelung orientieren wir uns links und erreichen kurz danach **Schloss Arff** 6 mit seinem markanten Uhrturm. Es ist das einzige noch in Privatbesitz befindliche Schloss auf Kölner Stadtgebiet.

Nun geht es wieder ein Stück zurück zur letzten Kreuzung. Ab dort folgen wir den rot-weißen Wegweisern über zum Teil unbefestigte Wegabschnitte und erreichen später nach Querung der Autobahn den Kölner Stadtteil **Roggendorf/Thenhoven.** Dort queren wir die Sinnersdorfer Straße, biegen dann links in die Quettinghofstraße ein, an deren Ende es rechts versetzt weiter zum Hintereingang des **S-Bahnhofs Köln-Worringen** geht. Wer mit dem Auto angereist ist, folgt den Wegweisern unter der Bahnunterführung hindurch und dahinter links zum Haupteingang.

Kölner Randkanal

Schloss Arff

Dormagen
Hackenbroich
Hackhausen
Worringen
Leverkusen
Hitdorf
Rheinaue Worringen-Langel
Rhein
Erdweg
Senfweg
Alte Römerstraße
Kölner Randkanal
K 18
Cohnenhofstraße
Langel
Further Weg
Bruchstraße
Worringer Bruch
Mohlenweg
Pletschbach
Lehmbergweg
Roggendorf/Thenhoven
Fühlingen
Rheinkassel
Blumenberg
Industriestraße
57
K 9
Kriegerhofstraße
Feldkassel
Sinnersdorfer Straße
L 183
Dresenhofweg
Grünzug Chorweiler
Fühlinger See
Roggendorfer Straße
Blockstraße
Merianstraße
Chorweiler
Sinnersdorf
Blockstraße
Volkhoven/Weiler
Grünzug Seeberg
L 93
Seeberg
Esch
Köln

Alles auf einen Blick

WIE & WANN:
Leichte, flache Strecke, überwiegend autofreie Route, einige Abschnitte auf unbefestigten Feld- und Waldwegen. Die Tour ist streckenweise mit Fahrradwegweisern nach der landesweiten Radwegweisung NRW sowie mit den Knoten-Nummern der Radregion Rheinland ausgeschildert. Beste Radtourzeit ist März bis Oktober. Mögliche Anschlusstouren: Tour 6 und Tour 8.

HIN & WEG:
Auto: Park-&-Ride-Parkplatz, S-Bahnhof Köln-Worringen (GPS: 51.05179, 6.85225)
ÖPNV: S 6 und S 11 bis Köln-Worringen

Entspannung ★★★☆☆
Genuss ★★★★☆
Romantik ★★★☆☆

ESSEN & ENTSPANNEN:
Bistro Miró ➎ Frohnhofstraße 33, 50765 Köln-Esch, Tel. (02 21) 9 59 10 24, www.miro-esch.de

ENTDECKEN & ERLEBEN:
Worringer Bruch ➊ 50769 Köln-Worringen
Langeler Damm ➋ 50769 Köln-Langel
Wasserwerk Weiler ➌ Blockstraße, 50769 Köln-Weiler, www.erlebnispfad.com/erzaehlstationen
Kirchberg mit St. Martinus ➍ Am Kirchberg, 50765 Köln-Esch
Schloss Arff ➏ Schloss-Arff-Straße 1, 50769 Köln-Thenhoven, www.schloss-arff.de, nur von außen zu besichtigen

- 30 Kilometer
- 154 Höhenmeter
- 3,5 Stunden
- Rundtour

Vielseitige Landschaft

Diese Rundtour im Südosten Kölns ist etwas für Naturliebhaber, denn sie führt durch eines der größten und landesweit artenreichsten Naturschutzgebiete im Südosten Kölns. Freunde von Pflanzen, Vögeln und Insekten kommen bei diesem Streifzug sicherlich auf ihre Kosten. Außerdem wichtig: Feldstecher und Bestimmungsbücher bzw. Apps für Pflanzen und Insekten nicht vergessen! Entlang der Route stehen genügend Infotafeln, die Interessierten die Besonderheiten der Region und des Schutzgebietes vermitteln.

Vom Ausgangspunkt **S-Bahnhof Porz-Wahn** geht es zum **Schloss Wahn** an der Kastanienallee. Den Besuch der Schlossanlage sowie des Eltzhofs heben wir uns für die Rückfahrt auf. Nachdem wir die stark befahrene Sebastianusstraße überquert haben, fahren wir links auf die Kirche zu. **St. Aegidius** wurde erstmals 1358 erwähnt. 1895 in ihrer jetzigen Form erbaut, ist sie in der Weihnachtszeit wegen ihrer Hänneschen-Krippe das Ziel zahlreicher Krippenfahrten.

In Höhe der Kirche überqueren wir die B 8, fahren durch die Siebengebirgsallee, am alten Pförtnerhäuschen rechts. Nach Passieren des Wahner Industriege-

Ginster und Dünen

Durch die Wahner Heide

bietes mit Bauten aus den 1920er-Jahren geht es später am Wegende links und über die Autobahn hinweg nach **Lind.** Hier biegen wir zunächst rechts in den Rad- und Fußweg (Senkelsgraben) ein, radeln durch den Grünzug und halten uns am Wegende links (Viehtrift). Anschließend fahren wir halb rechts und kurz danach am **Landschaftsschutzgebiet Linder Bruch** entlang.

Himmel über Heide

Mit Verlassen des Linder Bruchs halten wir uns an der Wegkreuzung links, radeln vorbei am Firmentor, und dann fahren wir, die Straße überquerend, rechts auf dem Radweg weiter. Später unterqueren wir den Linder Mauspfad, an Knoten-Nr. 23 orientieren wir uns links. Nun führt uns der Radweg wieder rechts der Straße und in der Folge leicht bergan. Nach etwa 1 Kilometer passieren wir das Waldstadion, wenig später queren wir links den Mauspfad und fahren in den Wald inmitten des einstigen Sperrgebietes. Nach wenigen Metern stehen wir vor einem Kriegerdenkmal, wo wir rechts auf den asphaltierten Weg einbiegen, der nun leicht ansteigt.

*Der **Linder Bruch** ist ein ehemals verlandeter und mittlerweile ausgetrockneter Altarm des Rheins. Erst in späterer Zeit wurde er von kleinen Bächen bzw. von Grundwasser aus der höher gelegenen Mittelterrasse der Wahner Heide gespeist.*

An der nächsten Gabelung endet der Asphaltweg und es geht leicht ansteigend weiter geradeaus. Links der Route erstreckt sich die Heidelandschaft mit Birkengruppen sowie Einzelkiefern. Flugzeuge zum Greifen nah, künden von Starts und Landungen des inmitten dieses landesweit bedeutenden Schutzgebietes liegenden Flughafens von Köln-Bonn. Kurze Zeit später passieren wir eine **Binnendünenlandschaft ❶,** ein Ergebnis der intensiven Bodennutzung, ausgehend

Für die Seele

Eichenwälder und Sumpfwiesen, Sanddünen und Pionierbecken sowie Ginster und Heide – so erleben wir die Wahner Heide vor den Toren Kölns.

vom frühen Mittelalter bis weit ins 18. Jahrhundert. Hier liegt auch rechts der Route mit 134 über NN die höchste Erhebung innerhalb der Wahner Heide, der **Telegraphenberg.**

Die **Wahner Heide** ist Bestandteil der **Bergischen Heideterrasse,** einem Gebiet von etwa 4 Kilometern Breite und 50 Kilometern Länge. Typische Vegetationsver-

Bereits 1931 wurde die **Wahner Heide** Naturschutzgebiet. Im Rahmen der europäischen Flora-Fauna-Habitat-Richtlinie (FFH) wurde sie in den „Natura 2000 - Katalog" aufgenommen und ist auch als Vogelschutzgebiet anerkannt.

treter sind die Birkenbruchwälder, Eichenwälder, aber auch Moore. Das Heidegebiet wurde durch menschliche Nutzung geprägt. Erste größere waldfreie Gebiete gab es bereits um 1200. Man rodete den Wald und betrieb **Weidewirtschaft,** da der sandige Untergrund keinen ertragreichen Ackerbau zuließ. Durch die intensive Beweidung sowie durch Abstechen von Torf und durch Plaggenhieb, also die Gewinnung von Stalleinstreu, entwickelte sich die Heidelandschaft.

In den verbliebenen Wäldern wurde Eichelmast betrieben, also Vieh durchgetrieben. Durch den Verbiss der jungen Triebe wuchsen so Wälder aus weit auseinanderstehenden Bäumen. Die Bewirtschaftung der Heide ist eine über Jahrhunderte praktizierte, an die natürlichen Gegebenheiten angepasste Nutzungsform. Weidewirtschaft, Holzeinschlag, Ackerbau und

Erika

Imkerei prägten den heutigen Lebensraum der Heide.

Die Besonderheit dieser Landschaft besteht im kleinräumigen Wechsel aus sehr trockenen und sehr feuchten Biotopen. So bildeten sich nach der letzten Eiszeit vor circa 10.000 Jahren **Dünen** durch angewehte Sande. Hier herrscht trotz ausreichender Niederschläge Wassermangel, da das Wasser schnell versickert. Auf solchen Dünen findet man Trockenrasen, Heideflächen sowie Kiefer- und Eichenwälder. In den Senken hingegen sammelt sich das Wasser, hier liegen **Hochmoore, Moor- oder Auwälder.** Wegen dieser Kleinteiligkeit der Lebensräume weist die Wahner Heide eine große Artenvielfalt auf.

Wir bleiben auf der Hauptroute (nun markiert mit einer gelben Heidschnucke auf schwarzem Hintergrund), die leicht bergauf führt. Kurz vor Errei-

Ginster

Heidekomposition

chen der Kfz-Straße radeln wir auf einem Betonplattenweg weiter parallel zur Straße. Um die rot-weiße Sperre sowie die Panzersperren hindurch geht es links entlang der Altenrather Straße, der wir auf dem parallel verlaufenden Rad-/Gehweg folgen; der weitere Verlauf ist recht hügelig, der Weg schmal und nicht immer leicht zu befahren. Später erreichen wir den Troisdorfer Ortsteil **Altenrath;** direkt am Ortsbeginn lädt die Gaststätte Jägerhof zum Mittagstisch ein. Weiter geht es über die Altenrather Straße, dann links in den Rübkamp und am Wegende links auf die Flughafenstraße. Dort können wir uns am **Info-Zentrum Wahner Heide** ❷ über die Aktivitäten des Vereins informieren. Von hier aus sehen wir auch die **Kirche St. Georg** aus dem 12. Jahrhundert.

Die Tour führt hinter Altenrath später, der Wegweisung folgend, rechts über die Hasbacher Straße weiter durch die Wahner Heide. Der kommende etwas hügelige Abschnitt ist geprägt von dichten Birken-, Erlen- und Eichenwaldbeständen. Die Straße verläuft wenig später leicht bergab; an der kommenden Ausweichstelle verlassen wir die Straße der Wegweisung folgend durch eine einstige Panzersperre links in Richtung Geisterbusch. Der nun nicht mehr asphaltierte Weg verläuft in der Folgezeit am Waldrand und an feuchten Wiesen (Bruch) entlang, später kurz durch den Wald, um schließlich vor Erreichen des Geisterbusches in Höhe der Erhebung Busenberg einen Blick auf den Flughafen freizugeben, bei klarer Sicht auch weit darüber hinaus bis nach Köln. Hier lohnt sich bei klarem Wetter eine Pause.

Weiter geht es, der rot-weißen Wegweisung folgend, auf dem Hauptweg, der später an der Wegkreuzung rechts weiterführt. Der **Geisterbusch** ❸ bietet je nach Jahreszeit entweder Ginster oder Heidekraut als Blickfang. Den Namen erhielt diese Flur wohl wegen ihrer damaligen mehrere Meter hoch gewachsenen Wacholdertriebe. Diese wirkten bei schwachem Licht wie Waldschrate oder andere merkwürdige Wesen. So trieb hier einst Huppet Huhhoot, der Hubert mit dem hohen Hut, sein Unwesen. Als Hausgeist erschreckte er die Kölner, und nach seiner Verbannung aus Köln trieb er sich in der Wahner Heide herum. So zertrat er mit seinen schweren Stiefeln die Bodennebelgeister – sehr zur Freude der Flugzeuge, denn der Flughafen inmitten des Schutzgebietes gilt als einer der nebelfreisten Flughäfen bundesweit.

In Höhe des ehemaligen Hudewaldes – zu erkennen an den weit auseinanderstehenden Eichen – orientieren wir uns zuerst ein Stück entlang der landesweiten Fahrradwegweisung, verlassen später den Wolfsweg und fahren an der zweiten Kreuzung links über den Mühlenweg mitten durch Birken-, Erlen- und Eichenwald. Dabei orientieren wir uns an den rot leuchtenden Köpfen der Holzpfähle entlang des We-

Gut Leidenhausen *stammt in seiner heutigen Form aus dem 18. Jh. und dient heute als Umweltpädagogisches Zentrum der Stadt Köln. Im Rahmen des Landesförderprogramms Regionale 2010 wurde die Anlage zu einer Infostation der Wahner Heide umgebaut.*

ges. Nach einer Weile queren wir einen weiteren Hauptweg linksdiagonal, an Baum mit der Nummer 54 und Schild „Wasserschutzgebiet" halten wir uns rechts, passieren die aufgelassene Alte Gärtnerei, queren wenig später den Kurtenwaldbach und erreichen links einbiegend wieder den Wolfsweg, kurz danach den Wanderparkplatz am Grengeler Mauspfad.

Wir verlassen nun die Wahner Heide, überqueren die stark befahrene Straße, biegen links auf den Radweg, kurz danach wieder rechts und folgen der Wegweisung zum **Erholungsgebiet Gut Leidenhausen** und zum **Haus des Waldes mit Heideportal 4.**

Unter der Linde inmitten des Innenhofes lädt das **Café Gut Leidenhausen 5** zu einer wohlverdienten Pause ein. Hier lässt sich bei Kaffee und Waffeln die Atmosphäre des Burggeländes genießen. Auf der Obstwiese des Burggeländes sind verschiedene Sorten fast ausgestorbener Obstsorten zu finden, naschen ist ausdrücklich erlaubt.

Nach einem Obsttest und dem Besuch des Waldmuseums fahren wir aus dem Innenhof heraus, biegen links ab und radeln vorbei am Damwildgehege sowie an der **Greifvogelschutzstation 6.** Über 60 Greifvögel und Eulen sind hier beherbergt, jeden dritten Samstag gibt es eine kostenlose Führung durch das Gelände. Nun radeln wir an der Reitbahn entlang, wo im Frühjahr der blühende Flieder duftet und seine leuchtenden Farben unsere Sinne erfreuen. Später geht es über die Neubaustrecke der Flughafenbahn, anschließend im Linksbogen und kurz darauf rechts unter der Flughafenautobahn hindurch nach **Grengel.** Diesen Ortsteil durchfahren wir in Fahrtrichtung; nach Passieren des Grengeler Stadtwaldes biegen wir später in Höhe des Hotels rechts auf die Hermann-Löns-Straße ein. Am Ortseingang von **Elsdorf** radeln wir links in den Mühlenweg, nach Überquerung der Bahnlinie geht es am Wegende rechts und vorbei an der Golfanlage nach **Wahn.** Nun biegen wir links auf den Radweg der Frankfurter Straße ab, am Kreisel halten wir uns rechts und in Höhe der Bushaltestelle im Schutz der Mittelinsel links. Über eine prächtige Kastanienallee (Burgallee) erreichen wir wenig später unseren Zielpunkt, den **S-Bahnhof Porz-Wahn.**

Im Herbst kann man auf ***Gut Leidenhausen*** *selbst Obst pflücken und das Apfelfest feiern. Dann wird die Saftpresse aufgebaut, und man kann sein eigenes Obst pressen lassen.*

Lohnenswert vor der Abreise sind noch die Abstecher zur Burg und zum Eltzhof (siehe Touren 1 und 3). Das heutige **Schloss Wahn** zählt noch heute neben Schloss Augustusburg in Brühl zu den bedeutendsten Barockbauten im Rheinland. Der neben dem Schlossgelände liegende Eltzhof bildete im Mittelalter zusammen mit Burg Wahn eine bauliche Einheit. Heute ist der **Eltzhof** 7 als Kultur- und Veranstaltungsstätte überregional bekannt. Auf der Gartenterrasse oder der Biergartenwiese des angegliederten Brauhauses wird neben frisch gezapftem Kölsch auch Brauhauskost für den großen Hunger angeboten. Und wer nach der Tour in Ruhe chillen möchte, kann sich in die Lounge-Ecke zurückziehen.

Schloss Wahn, *im 14. Jh. erstmals als „Hoff zu Wande" erwähnt, ist heute eine barocke Wasserschlossanlage aus dem 18. Jh. Burggraben und Gartenanlage sind erhalten. Im Inneren befindet sich die theaterwissenschaftliche Sammlung der Universität Köln.*

Von hier aus geht es zurück über die Burgallee und rechts entlang der Kastanienallee. Kurz hinter der Schlosszufahrt fahren wir links und durch die Wohnanlagen auf den **S-Bahnhof Porz-Wahn** zu.

Binnendüne in der Wahner Heide

Rösrath
Kölner Straße
Sülz
Menzlingen
Rambrücken
Kurtenwaldbach
Finkenberg
Eil
Köln
Porz
Kennedystraße
Kaiserstraße
Waldstraße
Urbach
Grengel
Elsdorf
Zündorf
Rhein
Brander Straße
Busenberg
Alte Kölner Straße
L 84
L 489
Hasbacher Straße
Hohe Schanze
Hähnen
Flughafenstraße
Altenrath
Wahn
Wahnheide
Wahner Straße
Paulsmaar
Frankfurter Straße
Linder Mauspfad
Lind
Liburer Landstraße
Libur
Weilerhofer See
Libur See
Scheuerbach
Wahner Heide im Rhein-Sieg-Kreis
Schwarzenberg
Freuelsberg
Sallbachhügel
Eisenweg
Moltkeberg
Altenrather Straße
Rambusch
Agger
Lohmar
Lohmarberg
Fliegenberg
Telegraphenberg
Mauspfad
Spich
Troisdorf

Alles auf einen Blick

WIE & WANN:
Eher anspruchsvolle Strecke, einige Abschnitte führen entlang stark befahrener Straßen, einige Steigungen, längere Abschnitte durch die Wahner Heide auf nicht asphaltierten Wegen. Ein geländetaugliches Fahrrad ist erforderlich. In der Wahner Heide mit eigenen Markierungen/Symbolen, abschnittsweise Fahrradwegweisung des landesweiten Radverkehrsnetzes NRW. Beste Radtourzeit ist März bis Oktober.

HIN & WEG:
Auto: Park-&-Ride-Parkplatz Bahnhof Porz-Wahn (GPS: 50.85730, 7.08002)
ÖPNV: S 12, S 19 bis Porz-Wahn

ESSEN & ENTSPANNEN:
Café Gut Leidenhausen ❺ 51147 Köln-Porz/Grengel, Tel. (0 22 03) 3 99 87, www.gut-leidenhausen.de/vereine/parkcafe
Eltzhof ❼ St.-Sebastianus-Straße 10, 51147 Köln-Porz/Wahn, Tel. (0 22 03) 98 00 80, www.eltzhof-kulturgut.de

ENTDECKEN & ERLEBEN:
Binnendünen/Telegraphenberg ❶ Eisenweg/Stellweg, 53844 Troisdorf
Info-Zentrum Wahner Heide ❷ Flughafenstraße 33, 53842 Troisdorf-Altenrath, Tel. (02 21) 7 39 28 71, www.wahnerheide.net/infozentrum
Geisterbusch ❸ Wolfsweg/Pestalozziweg, 51503 Rösrath

Entspannung ★★★☆☆
Genuss ★★★★☆
Romantik ★★★★☆

Haus des Waldes mit Heideportal ❹ Gut Leidenhausen, 51147 Köln-Porz/Grengel, Tel. (0 22 03) 3 99 87, www.gut-leidenhausen.de/oeffnungszeiten/hdw
Greifvogelstation Gut Leidenhausen ❻ 51147 Köln-Porz/Grengel, Tel. (0 22 03) 3 99 87, www.gut-leidenhausen.de/angebote/greifvogelschutzstation

Blick in die Kölner Bucht

- 38 Kilometer
- 345 Höhenmeter
- 4 Stunden
- Rundtour

Bei dieser Rundtour lässt sich die unmittelbare Umgebung der Kreisstadt Bergisch Gladbach erkunden. Von ruhigen Nebenwegen über alte Bahntrassen, geschotterte Waldwege, Industriegebiete, Höhenstraßen mit Panorama (Domblick) bis zu steilen Auf- und Abfahrten bietet diese Tour beste Voraussetzungen als Testlauf für weitere Radtouren in die Umgebung. Unterwegs gibt es ein Museum in einem alten Bahndepot, Infozentren in Forsthäusern sowie urige Gasthöfe in einstigen Burgen zu entdecken.

Start dieser Rundtour ist der **S-Bahnhof in Köln-Dellbrück** vor der Stadtgrenze zu Bergisch Gladbach im äußersten Nordosten Kölns. Von hier geht es in südliche Richtung über die Möhlstraße und nach Querung der Bergisch Gladbacher Straße, der Wegweisung folgend, zunächst über ruhige Nebenstraßen, später vorbei an einer Pferdekoppel zu unserem ersten Highlight, dem **Straßenbahndepot Thielenbruch.** Die Kölner Stadtbahnen fahren direkt in das ehemalige Straßenbahndepot hinein und enden dort; heute gilt die Endhaltestelle Thielenbruch wohl als Kölns schönste Haltestelle. Direkt angegliedert ist

Den Dom im Blick

Höhentour um Bergisch Gladbach

das **Straßenbahnmuseum Thielenbruch ①,** in dem 130 Jahre Straßenbahngeschichte zu bestaunen sind. Die Gebäude des Straßenbahndepots stammen aus der Zeit um die Jahrhundertwende und spiegeln die damalige Industriearchitektur mit Jugendstilformen, ornamentaler Wandgestaltung durch Backsteingliederungen und Putzflächen wider.

Unterwegs bei Asselborn

Kurz danach verläuft unsere Tour von der Gemarkenstraße links mitten durch das Naturschutzgebiet Thielenbruch und Thurner Wald. Hier konnte sich eine Restmoorfläche mit seltenen Pflanzenarten erhalten (siehe Tour 10). Im Frühjahr gibt es kostenlose Konzerte – von Fröschen. Der Weg verläuft auf einem früheren Bahndamm, auf dem bis in die Nachkriegszeit Straßenbahnen aus Köln als Linie „G" in die benachbarte Kreisstadt Bergisch Gladbach rollten. Entlang der RegioGrün-Erlebnisroute „Strunder Bach" geben rechts und links des Weges Infotafeln Auskunft über die Strunde, ihre zahlreichen Mühlen sowie über die Geschichte der damaligen Straßenbahn.

Am Wegende links, sofort wieder rechts und weiter über die Gierather Straße, rechts über die Straßen Rodemich und links Am Rodenbach erreichen wir nach Querung hinter der Ampel den Bergisch Gladbacher Ortsteil **Gronau.** Noch vor der Bahnunterführung fahren wir rechts und radeln in der Folgezeit parallel zur stillgelegten Bahnlinie der früheren Sülztalbahn. Der Abschnitt zwischen Gronau und Bensberg war von 1870 bis 1989 in Betrieb, geblieben

Für die Seele

Über Bergische Höhen erleben wir die Dommetropole aus einer anderen Perspektive.

ist der Bahndamm, der uns bis in Höhe des Naherholungsgebiets **Saaler Mühle** in **Bensberg** begleitet. Nach Unterquerung des alten Bahndamms links geht es danach rechts über den Neuenweg und später rechts über die Forststraße tendenziell leicht ansteigend durch den historischen Ortsteil **Kaule,** den Stadtteil mit den ältesten Fachwerkgebäuden. Eines dieser

Häuser beherbergt heute einen regional bekannten Biergarten.

Über die verkehrsberuhigte Straße Reiser und vorbei am Forsthaus Broichen unterqueren wir die Autobahn A4, danach erreichen wir den **Königsforst** (siehe Tour 3), eins der letzten größeren zusammenhängenden Waldgebiete zwischen Köln und dem Bergischen Land. Nun kommen wir nach einem Rechtsversatz erneut zum Bahndamm der einstigen Sülztalbahn. Hier verkehrten von 1890 bis 1960 noch Züge, nach der Stilllegung des Bahnverkehrs wurden 1964 die Gleise zwischen Bensberg und Rösrath entfernt. Den Wegweisern folgend, erreichen wir nach einer Weile eine größere Kreuzung mit einem Rastplatz, wo uns eine Tafel an den Standort des **früheren Bahnhofs Forsbach,** der gut 1 Kilometer vom Hauptort entfernt mitten im Wald liegt, erinnert. Hier verlassen wir den alten Bahndamm und fahren links in Richtung Forsbach.

Villa Tütberg

Nach Querung der Forsbacher Straße in Höhe des Wanderparkplatzes beginnt der zunächst leichte, später spürbare Anstieg entlang des Wanderwegs X auf die höchste Erhebung im Königsforst, den 212 Meter hohen **Tütberg.** Später passieren wir die **Villa Tütberg,** ein Relikt des vor dem Zweiten Weltkrieg existierenden Siedlungsgebietes Tütberg.

Hinter der Schutzhütte verlassen wir den Hauptweg halb links (Wanderweg K, > 4), nun geht es erkennbar bergab. Später kreuzen wir die **Brüderstraße,** einen von Köln nach Siegen verlaufenden historischen Handels- und Pilgerweg. Nach einer Weile schwenken wir halb rechts auf den Hauptwanderweg N ein und passieren das links der Route liegende **Forsthaus Steinhaus 2.**

*Unter dem Königsforst liegen circa 400 Millionen Jahre alte **Erdschichten** aus dem Devon; zu dieser Zeit war das Klima wärmer als heute, und so konnten sich auf den Sedimentgesteinen entsprechende Bodentypen ausbilden.*

Nach dem Besuch des Forsthauses und einer Einkehr im angegliederten **Waldcafé Steinhaus** ③ – hier gibt es neben Torten und Kuchen auch selbst gemachte Tarts – queren wir links den Lehmbachweg und nach einem merklichen Anstieg die Autobahn A4. Wenig später erreichen wir den Parkplatz am Technologiepark in **Bensberg-Moitzfeld.** Heute sind in diesem Gewerbegebiet innovative Forschungs- und Entwicklungsbetriebe aus dem medizinischen bzw. biotechnischem Bereich untergebracht.

Dann geht es in Fahrtrichtung Norden auf dem Radweg neben der Landstraße L 286 weiter. In Höhe **Moitzfeld** müssen wir an der großen Kreuzung die Fahrbahnseite wechseln. Der zeitweise recht laute Autoverkehr ist mitunter störend, dafür hat man von dieser Straße aus eine tolle Aussicht: Richtung Westen in die Kölner Bucht und in Ostrichtung weit hinein in die

*Das **Forsthaus Steinhaus** wird seit 1815 als Forsthaus genutzt. Umgebaut zu einem Besucherportal des Königsforsts, informieren die dortigen Ausstellungen über heimische Tiere und Pflanzen sowie über naturnahe Holzwirtschaft.*

Herrenstrunder Teich

Alles im Fluss

Region Bergisches Land. Nach wenigen Kilometern erreichen wir, erneut die Straßenseite wechselnd, den Bergisch Gladbacher Ortsteil **Herkenrath,** eine der ältesten Siedlungen der Gegend. 1151 erstmals urkundlich erwähnt, galt der Ort ab Mitte des 19. Jahrhunderts als Zentrum des industriellen Bergbaus. Schon die Römer sollen hier Bergbau betrieben haben.

Am Ortsende verlassen wir in Höhe der Tankstelle links über die Asselborner Straße den Ort und lassen uns, dem Verlauf der Hauptstraße folgend, die kommenden Kilometer bergab über **Asselborn** und vorbei an der einstigen Asselborner Mühle in das Tal der Strunde rollen.

Ein Abstecher rechts zum Ortsende von **Herrenstrunden** führt uns leicht bergan zum **Quelltopf der Strunde 4.** Diese wurde bereits im frühen Mittelalter mit einem künstlichen Flussbett versehen; das nun gleichmäßig fließende Wasser war somit für den Betrieb von Mühlen geeignet. So verdankt die Region um Bergisch Gladbach ihren damaligen wirtschaftlichen Aufschwung unter anderem den vielen Mühlen, einige davon waren auch Papiermühlen. Zurück an der Hauptstraße, lädt uns das Restaurant **Zur Quelle der Strunde** mit Außenterrasse zu einer Rast ein. Sehenswert im Ort sind außerdem neben der **Malteser Komturei** die daneben liegende **Burg Zweiffel** aus dem 12. Jahrhundert, deren geschichtsträchtiges Ambiente heute für Konzerte, Kulturabende und „Rittertafeleyen" genutzt wird. Und wer statt Besucherterrasse eher Beach-Club-Atmosphäre zum Chillen mag, ist im Biergarten **Strunde Island Altes Freibad 5** gut aufgehoben.

Hinter Herrenstrunden wird es schweißtreibend. Wer jetzt mit dem E-Bike unterwegs ist, hat einen klaren Vorteil, denn nun verläuft die Tour an der Knoten-Nr. 70, von der L 286 abbiegend, spürbar bergan zunächst durch Wald, später an der Kreuzung weiter rechts vorbei an Weiden bis nach **Romaney.** Dort que-

*Von der Terrasse des **Restaurants Quelle der Strunde** genießt man am besten bei Kaffee und einer Bergischen Waffel den Ausblick über das historische Ortsensemble.*

*1328 war **Herrenstrunden** Ordensballei und damit Mittelpunkt eines größeren Verwaltungsbezirkes". Zahlreiche Besitzungen, Güter und Ländereien wurden erworben. 1806 wurden im Zuge der Säkularisation die **Kommende** und ihre Güter vom Staat übernommen.*

ren wir die B 506 in einem Rechtsversatz, hinter dem Wanderparkplatz biegen wir links ein. Nun werden wir auf dem autofreien Höhenweg für die Mühen des Anstiegs entschädigt, denn ab hier lässt sich bei klarer Sicht ein famoser Blick hinab in die Kölner Bucht werfen, bevor es bergab nach **Voiswinkel** geht.

Unten angekommen, queren wir vorsichtig die Hauptstraße, biegen auf diese links und nach wenigen Metern rechts ein. Nun geht es weiter über eine an Sonn- und Feiertagen für den Autoverkehr gesperrte Straße bis in Höhe **Buschhorn.** Dort genießen wir noch einmal den Ausblick auf die Kölner Bucht, bevor wir links einbiegen und uns den Hufer Weg bergab rollen lassen. In der talwärts liegenden Siedlung angekommen, biegen wir rechts in den Weidenbuscher Weg ein und folgen dessen Verlauf. Am Wegende in Höhe der Bushaltestelle „Torringen" queren wir die dortige Hauptstraße rechts versetzt, erreichen den Herkenfelder Weg, an dessen Ende wir rechts abbiegen und kurze Zeit später den Wald erreichen. Nach etwa 200 Metern verlassen wir den Hauptweg nach links (Markierung der Wanderwegzeichen > 7 folgen), zunächst in Fahrtrichtung geradeaus, vorbei an einer Schutzhütte. Kurze Zeit später verzweigt sich der Waldweg, es geht halb rechts weiter und später am Wegende links. In Höhe des Gestüts passieren wir das alte Mühlenrad der Diepeschrather Mühle. Kurze Zeit später liegt links das gleichnamige Ausflugslokal **Diepeschrather Mühle** ❻ (siehe Tour 3). Unmittelbar am Mühlbach des Mutzbaches gelegen, wurde das Anwesen als Ausflugslokal umgebaut. Hier kann man entweder im Gasthof selbst (Tipp: Bergische Forelle), auf der Terrasse oder in den nahe gelegenen Freizeitanlagen die Tour ausklingen lassen, bevor es rechts über den Diepeschrather Weg, später links und am Kreisel geradeaus zurück zum Ausgangspunkt der Tour, dem **S-Bahnhof Köln-Dellbrück,** geht.

Burg Zweiffel

Malteser Komturei

Leimbach
Odenthal
Dhünn
Scherfbachtalstraße
Höffe
Eikamp
Schildgen
Voiswinkel
Oberborsbach
Mutzbach
L 288
Fronnenbroich/
Buschhorner Bruch
506
4
Herrenstrunden
5
Kürtener Straße
Asselborn
Diepeschrather
Wald
Bergisch Gladbach
6
Paffrath
Strundetal
Strunde
Hombachtal
Thielenbruch
und Thurner Wald
Hand
Sand
Herkenrath
Bärbroicher St.
P
L 286
Kradepohls-
mühle
Gronau
Heidkamp
L 289
1
Dellbrück
Strunden
Gierather
Wald
Grube Cox
Hardt
Strunder Bach
Gierather Straße
K 27
Lückerath
Moitzfeld
Dellbrücker Mauspfad
Bensberg
Refrath
Frankenforst
Overather Straße
3
2
Wildnis-
wald
4
55
Brück
Bensberger Straße
Tütberg
Tütbergweg
Sülz
Königsforst
Forsbach
Rath
Heumar
59
3

Alles auf einen Blick

WIE & WANN:

Insgesamt anspruchsvolle Strecke mit anfangs leichten Steigungen, später auch steilen Anstiegen und Abfahrten. Wegen längerer Waldwegabschnitte empfiehlt sich ein geländetaugliches Fahrrad oder ein E-Bike. Die Tour ist abschnittsweise mit Fahrradwegweisern des landesweiten Radverkehrsnetzes NRW ausgeschildert. Beste Radtourzeit ist März bis Oktober. Mögliche Anschlusstouren: Tour 3 und Tour 10.

HIN & WEG:

Auto: Park-&-Ride-Parkplatz S-Bahnhof Köln-Dellbrück (GPS: 50.98125, 7.07066)
ÖPNV: S 11 bis Köln-Dellbrück

ESSEN & ENTSPANNEN:

Waldcafé Steinhaus ❸ Steinhaus 1, 51429 Bergisch Gladbach-Bensberg, Tel. (0 22 04) 5 59 44, www.waldcafe-steinhaus.de
Strunde Island Altes Freibad ❺ mit Biergarten, Kürtener Straße. 339, 51465 Bergisch Gladbach-Herrenstrunden, Tel. (0 22 02) 9 64 91 04, www.altes-freibad.de
Diepeschrather Mühle ❻ Diepeschrather Weg 80, 51469 Bergisch Gladbach, Tel. (0 22 02) 1 88 63 38, www.diepeschrather-muehle.net

Entspannung ★★★☆☆
Genuss ★★★★☆
Romantik ★★★☆☆

ENTDECKEN & ERLEBEN:

Straßenbahnmuseum Thielenbruch ❶ Gemarkenstraße 173, 51069 Köln-Dellbrück, Tel. (0221) 2 83 47 71, www.hsk-koeln.de
Forsthaus Steinhaus ❷ Heideportal im Königsforst, Steinhaus 1, 51429 Bergisch Gladbach-Bensberg, Tel. (0 22 04) 83 07 20, www.wahnerheide-koenigsforst.de
Quelltopf der Strunde ❹ Herrenstrunden 38, 51465 Bergisch Gladbach

- 27 Kilometer
- 108 Höhenmeter
- 3 Stunden
- Rundtour

Otto-Maigler-See

Bei dieser Tour ist ein wenig Kondition gefragt, da einige Steigungen zu bewältigen sind. Fast alle Burgen liegen auf den Anhöhen der Ville, einem Vorgebirgsrücken inmitten der Kölner Bucht. Die Entstehung und Bedeutung der Burgen ist eng mit der Geschichte des mittelalterlichen Kölns verbunden.

Los geht's vom **Parkplatz im Grüngürtel** am nördlichen Decksteiner Weiher in Höhe des Hauses am See. Vom Parkplatz aus führt unsere Route links auf der Bachemer Landstraße weiter in Richtung Frechen. Wer mit der Stadtbahn anreist, steigt an der Haltestelle **Stüttgenhof** aus, quert die Gleise und erreicht rechts die Bachemer Landstraße.

Der 1271 erstmals erwähnte ***Stüttgenhof*** *ist eine der ältesten linksrheinischen Kölner Burganlagen; er fiel später dem Kölner Stift St. Gereon zu und war bis Ende des 17. Jh. ordentliches Ritterlehen. Heute beheimatet er einen Landwirtschaftsbetrieb.*

Bevor wir unser erstes Ziel anpeilen, sei ein kurzer Abriss der Geschichte des mittelalterlichen Kölns erlaubt. Nach der vom damaligen Erzbischof verlorenen Schlacht von Worringen im Jahre 1288 (siehe Tour 8) zogen sich viele geistliche Fürsten und Bischöfe in die Burgen zurück, die auf unserer Route liegen. Die Burgen dienten aber nicht nur dem Wohnbedarf der adligen Besitzer, sondern auch der ertragreicheren Landwirtschaft – sie wechselten häufig in Abhängigkeit von

Römer und Ritter

Burgentour im Kölner Südwesten

der Liquidität des Stadtadels den Besitzer. Ein typisches Beispiel dafür ist der **Stüttgenhof** ❶, der etwa 200 Meter von der Haltestelle entfernt in nördlicher Richtung liegt.

Nach diesem Abstecher genießen wir die weitere Tour entlang der Bachemer Landstraße. Vor uns eröffnet sich der Blick auf die Hänge des Vorgebirges sowie

Haus Bitz

auf die Kraftwerke, welche das Bild der Region westlich von Köln prägen. Hier begann um 1700 der Braunkohleabbau. Die hinter der Kölner Stadtgrenze liegende **Burg Hemmerich** in Frechen war Lehen des Erzbischofs von Köln. Gut Neu-Hemmerich ist heute ein landwirtschaftlicher Betrieb. Rechts hinter dem Gut geht es weiter, dann links, nochmals rechts, danach in Fahrtrichtung Westen. Nach Querung der Ampel radeln wir halb links die Fürstenbergstraße leicht bergan und an der Kirche rechts bis zur **Burg Bachem 2.**

Diese 1178 erwähnte Burg war im Dreißigjährigen Krieg Schauplatz zwischen Auseinandersetzungen von Katholiken und Protestanten. Nach dem Wiederaufbau ab 1648 bis weit in das 19. Jahrhundert verfiel das Anwesen und war zeitweise unbewohnt. Während der Sanierung in den 1970er-Jahren machte die Burg Schlagzeilen, da infolge des Braunkohletagebaus der Grundwasserspiegel sank und sich Setzungsrisse gebildet hatten. Mit dem Ende des Tagebaus stabilisierte sich die Statik der Grundmauern.

Nach dem Abstecher zur Burg geht es zuerst links und sofort wieder rechts hinter der Kirche bergab.

Für die Seele

Über Höhenzüge westlich von Köln entdecken wir zahlreiche Burgen und Relikte einer antiken Wasserleitung.

Kurz vor Erreichen der Hauptstraße lässt sich noch links ein Blick auf **Haus Bitz 3** werfen. Auch dieser Bau wechselte sehr oft seine Besitzer, heute gehört er einer Galeristenfamilie. In Höhe des gegenüberliegenden Fachwerkhauses geht es zurück durch **Niederbachem,** dort rechts über die Carl-Goedeler-Straße bis zur Kreuzung in Höhe von **Gut Neu-Hemmerich,** dort an der

Größere Umbauten von ***Burg Gleuel*** *fanden ab dem 17. Jh. statt; wegen Bauerweiterungen wurde einer der Wassergräben zwischen Vor- und Hauptburg zugeschüttet. 1969 kam die Anlage in Besitz der damaligen Gemeinde Hürth, seit 1976 ist sie eine Wohnanlage.*

Ampel geradeaus. Ab hier genießt man das Panorama auf die Kölner Skyline. Nach Unterqueren der Autobahn erreichen wir den Hürther Stadtteil **Gleuel** mit seiner gleichnamigen Burg. Hier fahren wir rechts durch die Toreinfahrt auf die **Burg Gleuel** 4 zu.

Die in der Frankenzeit erstmals erwähnte Burg geriet 1260 in Besitz der Kölner Domprobstei. Nach dem Sieg der Bürgerlichen über den Klerus Ende des 13. Jahrhunderts gewannen die Händler und Handwerker zunehmend an Einfluss. Es waren Gleueler Ritter, die den Widerstand gegen den Kölner Erzbischof organisierten und später als Bürgermeister die Politik der nun freien Reichsstadt Köln maßgeblich prägten.

Nach Durchquerung des Burgparks orientieren wir uns halb links, folgen später dem Verlauf der Bergmannstraße bis in Höhe der Bushaltestelle. Schöne Backsteinfassaden mit zum Teil auffälligen Giebeln prägen die ehemalige **Bergwerksiedlung.** Frechen war lange Zeit die Stadt der Klütten und Schornsteine, jüngst schloss die letzte Klüttenfabrik. Ein Gedenkstein für die im Bergbau ums Leben gekommenen Kumpel dokumentiert die Zeit des aktiven Bergbaus.

Auf Höhe des Hürther Ortsteils Alstädten-Burbach fahren wir rechts und bergan auf das **Erholungsgebiet des Otto-Maigler-Sees** zu. An warmen Tagen pilgern ganz Hürth und viele Kölner hierhin, um sich abzukühlen. Mit dem Fahrrad schlagen wir uns in Höhe des Parkplatzes links „in die Büsche", wenig später geht es in einem Linksbogen weiter, nun auf einem schmalen Waldweg. Als Orientierung dient das Wanderwegezeichen „O". Später biegen wir rechts auf den breiten asphaltierten Radweg ein, bevor wir uns über die Umgehungsstraße hinweg bergab nach Hürth rollen lassen. Über Katharinenstraße, Ringstraße und Pastoratsstraße gelangen wir in die Ortsmitte von **Alt-Hürth,** wo uns das **Restaurant Pizzeria San Marco** 5 zu einer Stärkung einlädt.

Burg Gleuel

Die 941 erstmals erwähnte **Burg Kendenich** liegt imposant am Osthang der Ville. Das Herrenhaus wurde 1664 errichtet, dann folgten östliche, nördliche und westliche Vorburg. Seit der Komplettrenovierung in den 1970er-Jahren dient die Burg als Wohnanlage.

Wenig später geht es über die Weierstraße bis zu Hürths ältester **Kirche St. Katharinen** mit ihrem markanten Kirchturm. Die alte Pfarrkirche diente von 1914 bis 1984 als Kloster der Missionsschwestern; heute ist dort eine private Musikschule untergebracht. Das gegenüber der Kirche liegende Pfarrhaus aus Fachwerk in einer ehemaligen Burg stammt aus dem Jahr 1866.

In Höhe St. Katharinen biegen wir rechts in die Trierer Straße ein, deren Verlauf wir leicht bergan bis zur neuen Umgehungsstraße folgen. Deren Lärmschutzwände verhindern eine Überquerung, sodass wir rechts entlang des Radwegs bis auf Höhe der Bushaltestelle weiterfahren. Dort geht es in einem Versatz über die Straße, ein Stück zurück und dann rechts, später links durch die Nussallee in den Hürther Ortsteil **Kendenich.** Hinter der Kirche biegen wir rechts ein, und bereits nach wenigen Metern liegt rechts von uns **Burg Kendenich 6.**

Burg Kendenich

Nach diesem Abstecher geht es zurück zur Nussallee, wenige Meter weiter folgen wir links dem Jakobs-Pilgerweg bergab, wobei gute Bremsen gefragt sind. Der Weg endet an einer Umlaufsperre, dahinter geht es links auf dem Radweg der Bonnstraße weiter. In der Linkskurve überqueren wir die Straße, passieren ein Exponat der antiken **römischen Wasserleitung,** über die

Römische Wasserleitung

das römische Köln seinerzeit mit frischem Eifelwasser versorgt wurde. Nun radeln wir über die neue Umgehungsstraße hinweg, dahinter halb rechts über die Kölnstraße. Mit Querung der Luxemburger Straße und später der Krankenhausstraße in Hürth können wir in Höhe der Querungshilfe die viel befahrene Straße rechts abbiegend verlassen und folgen den Wanderzeichen des Jakobspilgerwegs parallel zum Duffesbach. Unterwegs sehen wir erneut ein Stück der antiken Wasserleitung.

Am Ende müssen wir ein weiteres Mal unseren Weg, links auf die Bachstraße einbiegend, mit dem

Burg Efferen

Autoverkehr teilen, bis wir unser nächstes Ziel erreichen. Rechts in die Ritterstraße einbiegend, sehen wir die aus dem 13. Jahrhundert stammende **Burg Efferen** 7, Hürths einziges noch erhaltenes mittelalterliches Bauwerk. Diese Anlage wurde im 14. Jahrhundert von Kölner Adelsleuten als Wehrburg ausgebaut. Der Wassergraben wurde 1961 trockengelegt, um die Bachstraße zu verbreitern.

Nach diesem Abstecher fahren wir zunächst weiter entlang der Ritterstaße, dann rechts über die Kaulardstraße, biegen an der Ampel links in die Klosterstraße ein und folgen den grün-weißen Wegweisern. Am Sportplatz geht es links weiter, am Wegende biegen wir rechts auf die Berrenrather Straße ein und erreichen nach Unterquerung der Autobahn wieder Kölner Stadtgebiet. Der Radweg schwenkt wenig später halb rechts und an der kommenden Kreuzung halb links bis zum ehemaligen **römischen Schlammfang** (siehe Tour 2), ab dort orientieren wir uns links und überqueren die Straße.

Die letzten Kilometer der Tour verlaufen auf ruhigen Waldwegen entlang des Äußeren Kölner Grüngürtels, immer in Fahrtrichtung geradeaus. Wir radeln zuerst vorbei am **Geißbockheim,** dem Clubhaus des 1. FC Köln. Später überqueren wir die Gleueler Straße; mit Erreichen der Bachemer Landstraße biegen wir links auf den Parkplatz in Höhe des **Hauses am See** ein bzw. fahren von dort weiter über die Bachemer Landstraße und dann rechts zur Stadtbahnhaltestelle **Stüttgenhof.** Wir haben den Ausgangspunkt unserer Tour erreicht.

Die Infotafel am römischen Relikt weist uns auf den damaligen Wasserbedarf im römischen Köln hin. Das frische ***Quellwasser der Eifel*** *floss in den nachchristlichen Jahrhunderten durch eine knapp 100 Kilometer lange Leitung aus der Kalkeifel nach Köln.*

Im Kölner Grüngürtel

Köln
Lindenthal
Sülz
Stadtwaldviertel
Klettenberg
Frechen
Marsdorf
Waldlabor Köln
Deckssteiner Weiher
Militärringstraße
Gleueler Straße
Berrenrather Straße
Grüngürtel
Sielsdorf
Bachem
Bachemer Straße
Bonnstraße
Stotzheim
Südlicher Randkanal
Efferen
Gleuel
Kölner Straße
Hermülheimer Straße
Ernst-Reuter-Straße
Efferener Straße
Horbeller Straße
Hermülheim
Alstädten-Burbach
Frechener Straße
Hürth
Luxemburger Straße
Kal-scheuren
Gotteshülfe-teich
Otto-Maigler-See
Hürther Waldsee
Naturschutzgebiet Waldseenbereich Theresia
Berrenrath
Alt-Hürth
Kendenich
Meschenich
L 277
L 496
264
265
265N
51
1
4
1
2
3
4
5
6
7
H
P

Alles auf einen Blick

WIE & WANN:
Eher schwere, anfangs flache, zwischendurch hügelige Strecke mit einigen Feld- und Waldwegen; größtenteils autofrei, einige Ortsdurchfahrten. Ein geländegängiges Fahrrad bzw. E-Bike wird empfohlen. Die Tour ist auf Kölner Stadtgebiet ausgeschildert mit Fahrradwegweisern der landesweiten Radwegweisung NRW. Beste Radtourzeit ist März bis Oktober. Mögliche Anschlusstour: Tour 2.

HIN & WEG:
Auto: Parkplatz am Haus Deckstein (GPS: 50.91903, 6.88822)
ÖPNV: Stadtbahn 7 bis Stüttgenhof

ESSEN & ENTSPANNEN:
Ristorante Pizzeria San Marco ❺ Mittelstraße 11, 50354 Hürth, Tel. (0 22 33) 4 44 89

ENTDECKEN & ERLEBEN:
Stüttgenhof ❶ Stüttgenweg, 50935 Köln-Lindenthal
Burg Bachem ❷ Schlossstraße 8, 50226 Frechen-Bachem, www.burg-bachem.de
Haus Bitz ❸ Mauritiusstraße 102, 50226 Frechen-Bachem
Burg Gleuel ❹ Burgstraße 21, 50354 Hürth-Gleuel
Burg Kendenich ❻ Am Kempishof, 50354 Hürth-Kenderich
Burg Efferen ❼ Ritterstraße 8, 50354 Hürth-Efferen

Entspannung ✱✱✱✱✱
Genuss ✱✱✱✱✱
Romantik ✱✱✱✱✱

Sämtliche Burganlagen befinden sich in Privatbesitz und können nur von außen besichtigt werden.

Die GPS-Daten zu jeder Tour gibt es auf
www.droste-verlag.de

Konzeption: Droste Verlag, Düsseldorf
Satz: Droste Verlag, Düsseldorf
Einbandgestaltung: Britta Rungwerth, Düsseldorf, unter Verwendung von Bildern von © Fotolia.com: Andrey Kuzmin, undrey, dabost, niroworld; © stock.adobe.com: ake1150
Fotos: Norbert Schmidt, außer:
Martina Kreitlow: S. 92, S. 100/101; stock.adobe.com: S. 54/55 (Matyas Rehak), S. 113 (Elke Hötzel), S. 116/117 (FlagMan), S. 154, S. 156 (hespasoft), S. 164/165 (SiRo)
Karten: Thorsten David, Bochum
Druck und Bindung: LUC GmbH, Greven

Alle Angaben in diesem Buch wurden sorgfältig recherchiert und geprüft. Für die Richtigkeit der Angaben, für etwaige Unfälle und Schäden jeglicher Art kann keine Haftung übernommen werden; die Nutzung erfolgt auf eigenes Risiko. Abweichungen, die nach Redaktionsschluss erfolgten, konnten im Buch nicht mehr berücksichtigt werden. Hinweise und Änderungen nehmen wir gern entgegen.

FSC www.fsc.org
MIX
Papier aus verantwortungsvollen Quellen
FSC® C011279

ISBN 978-3-7700-2464-3
www.droste-verlag.de